中英文对照

中华文化经典诵读

Chinese Classics Reading

罗家国　钟舟海
何小陆　蔡汶含　编著

编　委（按姓氏笔画排序）
马晓文　王少辉　王玉宇　王晓明　孙雨晨
李火秀　周嘉淇　黄　璐　梁静雅
封面、插画设计　蔡汶含
英文翻译校对　王晓明
策　划　罗家国　钟舟海

中南大學出版社
www.csupress.com.cn
·长沙·

前 言

子曰："弟子，入则孝，出则悌，谨而信，泛爱众，而亲仁。行有余力，则以学文。"用白话文翻译过来就是，孔子说："学生，在家里孝顺父母，在外要敬爱兄长，做事谨慎而诚实，博爱众人，亲近仁德的人。躬行实践之后有剩余的力量，再去学习《诗》《书》等经典。"所以，国学知识中的人生道理仿佛是指明人生方向的一个指南针，在你看不清前方时，为你拨开眼前的迷雾，为你指出正确的方向；同时，也为学生做好榜样，教育学生尊老、爱老，爱护弱小，让中华民族的优良传统得以传扬。

国学经典是中华民族五千年灿烂文化的精髓，是华夏沃土灿若晨星的瑰宝。我们这里所说的"国学"，外国人所说的"汉学"，指的就是中国经典文化，即中国的传统文化。亘古迭今，经典名句滋润了一代又一代华人的心灵，炎黄子孙在"经典"的摇篮里孕育，华夏儿女在"名句"的吟诵中成长。在漫漫的历史长河中，国学经典作为中华文明的主要载体，像一根坚韧的纽带，将形形色色的中华文明之珠串连在一起，让中华民族的精神熠熠生辉。其优秀的思想文化已超越时空界限，融入到世界文化和现代文明之中，成为了传之千古、放之四海的人类共有文明与智慧的结晶。

阅读这些语言精美、意蕴深厚、字字珠玑的佳篇，既能感受中国传统文化的巨大魅力，又能陶冶情操、净化心灵、塑造人格，让每一个中国人传承中华文化的精神基因。

地球上凡是有太阳升起的地方，就有中国人。海外华人包括华裔青少年，虽然身在海外，但骨子里依然流淌着中华文明的血脉，都有一颗跳动的中国心。有华人，就有华文教育。华文教育是汉语国际教育的一个特殊领域，主要面向海外侨胞，尤其是华裔青少年这一特殊群体开展民族语言学习和中华文化传承等教学活动。华文教育是保持华侨、华人民族特性的根本保证，是维系华侨、华人与祖(籍)国情感联系的根本纽带，是中华文化在海外的“希望工程”，是中华民族在海外的“留根工程”。

我们编写这本《中华文化经典诵读》，正是希望能为这一“工程”添砖加瓦。全书共九个单元，遴选了《三字经》《弟子规》《增广贤文》《论语》中的经典名篇，以及其他历代名家的诗词散文佳作。本书采用拼音注音以及汉英对照形式，便于华裔青少年学习、诵读。中国有句古话叫做“书读百遍，其义自见”，作为经典诵读文选，就是要让学习者达到读准字音、理解词语、弄清句读、掌握语气、读通句子、读出感情、领会意旨、陶醉其中的学习效果。为此，我们除了精心挑选当下可诵、能诵、要诵的经典作品外，还作了字词注释，并在每一单元前附上导语，让孩子们更容易理解这些较为艰深的诗文，激发诵读的兴趣，在反复诵读过程中受到中华传统文化的熏陶。

“语言是思想的花朵。”诵读文化经典就是让历史的思想之花重新在我们身上绽放的过程。文选中，我们通过丰富的内容，构建起和谐而充满诗性的经典诵读氛围，架设起传统与现代、中国与世界的桥梁，使优秀古典文化得以传承，使中华民族精神得以发扬光大。

江西理工大学、赣南师范大学、广州华商职业学院

《中华文化经典诵读》课题组

2018年9月

目　录

第一单元 《三字经》选读

Unit 1 Three Character Classic(Excerpt)

《三字经》与《百家姓》《千字文》并称为中国三大传统儿童启蒙读物。《三字经》是中华民族珍贵的文化遗产，它短小精悍、朗朗上口，千百年来家喻户晓，其内容涵盖了历史、天文、地理、道德以及一些民间传说。学习《三字经》可以使少年儿童开阔视野、丰富知识、陶冶情操、提高修养，继承中华民族的传统美德，有助于青少年的成长。

dì yī kè rén zhī chū
第一课 人之初

rén zhī chū xìng běn shàn
人之初，性本善。

xìng xiāng jìn xí xiāng yuǎn
性相近，习相远。

gǒu bú jiào xìng nǎi qiān
苟不教，性乃迁。

jiào zhī dào guì yǐ zhuān
教之道，贵以专。

小故事

弈秋是战国时期的下棋高手，名气很大。有两个年轻人拜他为师。一个徒弟学习时，遵从弈秋的教诲，认真琢磨棋艺，无论身边发生多热闹的事情也不分心。另一个徒弟却把弈秋的话当作耳旁风，三天打鱼两天晒网，成天东游西荡。后来，那个一贯认真的年轻人棋艺大成，最后竟和弈秋齐名；而另外一个三心二意的年轻人则一事无成。所以说：教之道，贵以专。

Lesson 1 Newborn Human Beings

Newborn human beings,
Have a kind nature,
With similar habits and disposition,
Nurturing and influences cause differences.
Without education,
Their nature changes.
Of all education laws,
Persistence is the most valued. ①

实践探索

(1)背诵课文。

(2)用自己的话说说文中这几句话的意思。

① 温振宇等译注,《绘画三字经中英文对照》,中国人民大学出版社,1994 年

dì èr kè yǎng bú jiào
第二课 养不教

yǎng bú jiào fù zhī guò
养 不 教 ， 父 之 过 。

jiào bù yán shī zhī duò
教 不 严 ， 师 之 惰 。

zǐ bù xué fēi suǒ yí
子 不 学 ， 非 所 宜 。

yòu bù xué lǎo hé wéi
幼 不 学 ， 老 何 为 。

小故事

从前有一个庸医，找他看病的病人都死了，被阎王判堕入18层地狱。他在那里又喊又哭、又闹又跳：“我是好心，我的医术不行，我是误杀的，不是故意害人，不应该堕18层地狱。”忽然下面传来一个人的声音：“老兄你不要跳了，灰尘都落到我身上了。”“难道底下还有19层吗?”“是！我在19层。”“你是做什么的?”“我是教书的。”可见，古人对失职老师的憎恶程度有多深！“教不严，师之惰”，这和现代人“没有教不好的学生，只有不称职的老师”的观点是一致的。对那些不称职的老师，人们常以“误人子弟”斥之。

Lesson 2 Rearing Children Without a Proper Education

Rearing children without a proper education,
Is fathers' mistake.
Teaching without discipline,
Is the fault of teachers.
Failing to study,
Is improper for children.
If learning nothing when young,
What can they achieve when older?①

实践探索

(1)背诵课文。

(2)用自己的话说说文中这几句话的意思。

① 温振宇等译注,《绘画三字经中英文对照》,中国人民大学出版社,1994 年

dì sān kè yù bù zhuó
第三课 玉不琢

yù bù zhuó bù chéng qì
玉 不 琢 ，不 成 器 。

rén bù xué bù zhī yì
人 不 学 ，不 知 义 。

wéi rén zǐ fāng shào shí
为 人 子 ，方 少 时 。

qīn shī yǒu xí lǐ yí
亲 师 友 ，习 礼 仪 。

小故事

从前楚国有个名叫卞(biàn)和的人。有一天，他在山里找到了一块还没有琢磨过的玉石，于是他便把这玉石呈献给当时的楚厉王。没想到，宫里的玉匠竟说这只是一块普通的石头，厉王一生气，命令部下把卞和定了罪。厉王死后，武王继位，卞和又将这玉石献给武王，可是，仍然遭到了被定罪的命运。卞和失望地抱着石头，在山脚下哭了三天三夜。文王即位后知道了这件事，便将卞和请进宫来，命令玉匠剖开璞石，发现果然是一块上等的美玉，于是便将它命名为“和氏璧”。

由这个故事我们可以知道，一块上等的美玉都需要琢磨、打造，才能显现出它的价值，所以人要受过良好的教育，才能成为一个有用的人。

Lesson 3 If Jade Is Not Carved and Chiseled

Jade becomes jade-ware,
Only when carved and chiseled.
Man cannot tell right from wrong,
Unless he is well educated.
As children,
You're in early stages of life.
Respect teachers and friends,
Learn courtesy and good manners.①

实践探索

(1)背诵课文。

(2)用自己的话说说文中这几句话的意思。

① 温振宇等译注,《绘画三字经中英文对照》,中国人民大学出版社,1994 年

dì sì kè tóu xuán liáng
第四课 头悬梁

tóu xuán liáng zhuī cì gǔ
头 悬 梁 ，锥 刺 股 。

bǐ bú jiào zì qín kǔ
彼 不 教 ，自 勤 苦 。

rú náng yíng rú yìng xuě
如 囊 萤 ，如 映 雪 。

jiā suī pín xué bú chuò
家 虽 贫 ，学 不 辍 。

小故事

东汉时，有个人名叫孙敬，是著名的政治家。他年轻时，为了刻苦学习，用绳把自己的头发系在梁上，以防瞌（kē）睡。一旦自己读书觉得疲倦想睡觉，系在梁上的头发就会扯痛头皮，以此来提醒自己坚持学习。经过年复一年地刻苦学习，孙敬饱读诗书，终成为一名通晓古今、博学多才的大学问家。

战国时期的苏秦，也是一位出名的政治家。在他年轻时，由于学问不多不深，曾到好多地方做事，都不受重视。回家后，家人对他也很冷淡，瞧不起他。这对他刺激很大。所以他下定决心，发奋读书。为了克服深夜读书时的瞌睡，他想到了一个办法：准备一把锥子，一打瞌睡就用锥子扎自己的大腿。这猛然间的疼痛感可以让他清醒起来，再坚持读书。

Lesson 4 One Tied His Hair to a Roof Beam

To stay awake and continue reading,
He tied his hair to a roof beam.
He pricked his thigh with a needle.
They never needed the prompting of others,
Since they were dedicated and diligent students.

Then we have one who put fireflies in a bag.
And again another who used the white glare from snow.
Although their families were poor,
They studied unceasingly. ①

实践探索

(1)背诵课文。

(2)用自己的话说说文中这几句话的意思。

① 温振宇等译注,《绘画三字经中英文对照》,中国人民大学出版社,1994年

dì wǔ kè quǎn shǒu yè
第五课 犬守夜

quǎn shǒu yè jī sī chén
犬 守 夜，鸡 司 晨。

gǒu bù xué hé wéi rén
苟 不 学，曷 为 人。

cán tǔ sī fēng niàng mì
蚕 吐 丝，蜂 酿 蜜。

rén bù xué bù rú wù
人 不 学，不 如 物。

小故事

车胤（yìn）囊（náng）萤：晋代的一个名叫车胤的孩子，他家中贫苦，没钱买灯油，又想晚上读书，于是在夏天的晚上，抓一把萤火虫装在白布袋子里面，靠着微弱的灯光读书。

映雪读书：一天半夜，家境贫寒的孙康从睡梦中醒来，发现窗缝里透进一丝光亮。原来，那是大雪映出来的，可以利用它来看书。于是他倦意顿失，立即穿好衣服，取出书籍，来到屋外读书。

Lesson 5 Dogs Keep Watch at Night

Dogs keep watch at night,
Roosters herald the break of day.
Without study,
How can you be a man?
Silk worms spin silk,
Bees make honey.
Without study,
You are worthless than these animals. ①

实践探索

(1)背诵课文。

(2)用自己的话说说文中这几句话的意思。

① 温振宇等译注,《绘画三字经中英文对照》,中国人民大学出版社,1994 年

duì duì pèng
对对碰

《笠翁对韵》是从前人们学习写作格律诗、词，用来熟悉对仗、用韵、组织词语的启蒙读物，从中我们可以学习到汉语诗歌的对仗技巧和声韵知识。

tiān duì dì, yǔ duì fēng
天对地，雨对风。

dà lù duì cháng kōng
大陆对长空。

shān huā duì hǎi shù, chì rì duì cāng qióng
山花对海树，赤日对苍穹。

léi yǐn yǐn, wù mēng mēng
雷隐隐，雾蒙蒙。

rì xià duì tiān zhōng
日下对天中。

fēng gāo qiū yuè bái, yǔ jì wǎn xiá hóng
风高秋月白，雨霁晚霞红。

xuǎn zì lì wēng duì yùn
选自——《笠翁对韵》

Sky against earth, rain against wind.
Large continent against vast sky.
Flowers blooming in a mountain against trees growing by the sea.
Red sun against deep heaven.
Booming thunder, misty fog.
Under sun against in sky.
A bright autumn moon shines on the wind-swept sky;
The red evening glow spreads to the rain-cleaned horizon.①

——Selected from *Weng on the Rhyme*

① 翻译参考新东方英语 http://mp. weixin. qq. com/s? __biz = MzA4OTA5MDAyMQ = = &mid = 400033098&idx = 1&sn = 38d8ef9052b362bb01c0e16f3d0a54fc&scene = 25#wechat_redirect

第二单元 《弟子规》选读

Unit 2 Students' Rules(Excerpt)

《弟子规》原名《训蒙文》，是一部成书于清朝并广为流传的儿童启蒙读物，目的就是要对孩子进行启蒙教育，为孩子将来成长和发展奠定基础。总叙中说："弟子规，圣人训：首孝悌，次谨信，泛爱众，而亲仁，有余力，则学文。"这里面有七个科目，即孝，悌，谨，信，爱众，亲仁，学文，前六项属于德育修养，后一项，即学文，属于智育修养。本单元节选的内容主要阐述生活习惯、礼仪与规范，教孩子怎么做人做事，奠定孩子一生为人处世的基础。

dì liù kè zǒng xù
第六课 总叙

dì zǐ guī shèng rén xùn
弟子规，圣人训。

shǒu xiào tì cì jǐn xìn
首孝悌，次谨信。

fàn ài zhòng ér qīn rén
泛爱众，而亲仁。

yǒu yú lì zé xué wén
有余力，则学文。

小故事

三国时期，魏国有一个人叫董遇。自幼生活贫苦，整天为了生活而奔波。但是他只要一有空闲时间，就坐下来读书学习，所以知识很渊博，人们很佩服他。后来他的名声越来越大，附近的人纷纷前来求教，并问他是如何学习的。董遇告诉他们说：冬者，岁之余；夜者，日之余；阴雨者，时之余。学习要利用三余，也就是三种空余时间：冬天是一年之余，晚上是一天之余，雨天是平日之余。人们听了，恍然大悟。原来就是要通过一切可以利用的时间来读书学习，以提高自己的水平。

Lesson 6 Preface Outline

"The Rules for Students",
Are the Sage's teachings.
First be good to parents and respect elders;
Next be reverent and trustworthy.
Love everyone
While become close with the kind-hearted.
If there is energy left over,
Then read books.①

实践探索

(1)背诵课文。

(2)用自己的话说说文中这几句话的意思。

① 翻译参考"才德网"北美华人冯欣明英语及白话文翻译《弟子规》
http://tsoidug.org/dizigui_trans_simp.php

第七课　父母呼
dì qī kè　fù mǔ hū

fù mǔ hū，yìng wù huǎn
父母呼，应勿缓。

fù mǔ mìng，xíng wù lǎn
父母命，行勿懒。

fù mǔ jiāo，xū jìng tīng
父母教，须敬听。

fù mǔ zé，xū shùn chéng
父母责，须顺承。

小故事

孟子小的时候，有一天读书厌倦了，就跑回家里。这时他母亲正在织布，见他逃学回来，气得拿起剪刀把快织好的一块布割断。孟子很奇怪，就问母亲为什么发火。母亲说：“织布要一线一线地连起来，一断就成不了布，你读书就像我织布，也要天天用功才会有成就，你现在就厌倦了，什么时候才能成为有用之才呢?”孟子听了十分惭愧，马上回到学堂发奋读书，后来终于成为有名的大学问家。

Lesson 7　When Parents Call

When parents call,
Do not be slow to answer.
When parents give an order,
Just act, and do not be lazy.
When parents teach,
One must listen respectfully.
When parents reprimand,
One must accept.①

实践探索

(1)背诵课文。

(2)用自己的话说说文中这几句话的意思。

---

① 翻译参考"才德网"北美华人冯欣明英语及白话文翻译《弟子规》
http://tsoidug.org/dizigui_trans_simp.php

dì bā kè dōng zé wēn

第八课 冬则温

dōng zé wēn xià zé jìng
冬则温，夏则凊。

chén zé xǐng hūn zé dìng
晨则省，昏则定。

chū bì gào fǎn bì miàn
出必告，返必面。

jū yǒu cháng yè wú biàn
居有常，业无变。

小故事

东汉时期，有个叫黄香的孩子，母亲去世后他和父亲相依为命。黄香虽然很小，但却知道孝敬父亲。夏天，酷暑难耐，为了使父亲晚上能很快入睡，黄香每晚都先把凉席扇凉，再请父亲去睡；冬天，天寒地冻，黄香每天先钻到父亲冰凉的床上，用身体温热被子后，再扶父亲上床。黄香小小的年纪，就有这样的孝心，也使他做人、求学上有所成就，后来，他当上了以孝闻名的好官。

Lesson 8 In Winter Be Warm

In winter be warm;
In summer be cool.
In the morning think over your conduct;
In the evening settle down.
When leaving one must tell one's parents;
Upon returning one must see one's parents face-to-face.
There should be regularity in one's daily life,
And no change in one's career.①

实践探索

(1)背诵课文。

(2)用自己的话说说文中这几句话的意思。

① 翻译参考"才德网"北美华人冯欣明英语及白话文翻译《弟子规》
http://tsoidug.org/dizigui_trans_simp.php

dì jiǔ kè duì yǐn shí

第九课 对饮食

duì yǐn shí, wù jiǎn zé

对饮食，勿拣择。

shí shì kě, wù guò zé

食适可，勿过则。

nián fāng shào, wù yǐn jiǔ

年方少，勿饮酒。

yǐn jiǔ zuì, zuì wéi chǒu

饮酒醉，最为丑。

小故事

宗悫(què)是南北朝时期的人，年轻时很不得志，而他的同乡虞(yú)业有权有势，特别富有。每当虞业请客人的时候，总是几十道菜，酒菜摆得有一丈见方。然而，他招待宗悫时，只给他吃杂粮煮的饭。但宗悫只是照样吃饭，从不因为饭菜差而发脾气。他胸有大志，把主要精力都用在了学习上。后来，宗悫做了豫州太守，但他并不嫉恨虞业，反而认为虞业非常有才，还请虞业做他的部下。宗悫把过去受辱的事看得很开，具有宽厚的胸怀，真是了不起。

Lesson 9 With Food and Drink

With food and drink,
Do not be picky.
Eat just enough;
Do not eat excessively.
While still young,
Do not drink alcohol.
Being drunk,
Is the most ugly. ①

实践探索

(1)背诵课文。

(2)用自己的话说说文中这几句话的意思。

① 翻译参考"才德网"北美华人冯欣明英语及白话文翻译《弟子规》
http://tsoidug.org/dizigui_trans_simp.php

dì shí kè fán chū yán
第十课 凡出言

fán	chū	yán	xìn	wéi	xiān
凡	出	言，	信	为	先。
zhà	yǔ	wàng	xī	kě	yān
诈	与	妄，	奚	可	焉。
huà	shuō	duō	bù	rú	shǎo
话	说	多，	不	如	少。
wéi	qí	shì	wù	nìng	qiǎo
惟	其	是，	勿	佞	巧。

小故事

立木为信：商鞅（yāng）是战国时期的改革家，他辅佐秦孝公进行了变法。变法之初，为了取信于民，他想出了一个好办法。那天，商鞅在国都的南门立起一根三丈高的木杆，并当众宣布，谁能把它扛到北门，赏赐黄金十两。可是到了下午，还没有人去做，这时商鞅又下令把赏金增加为五十两，这时有一个人把木杆扛到了北门。商鞅马上把五十两黄金奖赏给了那人。人们见商鞅说到做到，以后商鞅推行什么政策都积极响应。于是，商鞅变法取得了巨大的成功。

Lesson 10 Whenever One Speaks

Whenever one speaks,
Trustworthiness comes first.
Lying and absurd wild talk,
How can one engage in such things?
Talking a lot,
Is not as good as talking less.
Say only what is true,
Do not be glib or tricky. ①

实践探索

(1)背诵课文。

(2)用自己的话说说文中这几句话的意思。

① 翻译参考"才德网"北美华人冯欣明英语及白话文翻译《弟子规》
http://tsoidug.org/dizigui_trans_simp.php

dì shí yī kè　rén bù xián
第十一课　人不闲

rén bù xián　wù shì jiǎo
人不闲，勿事搅。

rén bù ān　wù huà rǎo
人不安，勿话扰。

rén yǒu duǎn　qiè mò jiē
人有短，切莫揭。

rén yǒu sī　qiè mò shuō
人有私，切莫说。

小故事

三国时期，魏(wèi)明帝最疼爱的一个女儿去世了。魏明帝非常悲痛，决定厚葬她，并且表示自己要亲自去送丧。这时，大臣杨阜(fù)对魏明帝说："过去，先王和太后去世时，您都没有送丧，现在女儿死了却去送丧，这与礼法不合。"杨阜说得有道理，但当时魏明帝悲痛至极，并没有接受杨阜的建议。杨阜就反反复复、唠(láo)唠叨(dāo)叨地说个不停。结果，气愤的魏明帝把杨阜赶出了朝堂。这是他说话不看时机的结果。

Lesson 11 If People Do Not Have Time

If people do not have time,
Do not bother them with matters.
If people are not at peace,
Do not bother them with words.
When people have shortcomings,
Definitely do not publicize them.
When people have secrets,
Definitely do not say them.①

实践探索

(1)背诵课文。

(2)用自己的话说说文中这几句话的意思。

---

① 翻译参考"才德网"北美华人冯欣明英语及白话文翻译《弟子规》
http://tsoidug.org/dizigui_trans_simp.php

dì shí èr kè fán qǔ yǔ
第十二课 凡取与

fán qǔ yǔ , guì fēn xiǎo 。
凡 取 与 ，贵 分 晓 。
yǔ yí duō , qǔ yí shǎo 。
与 宜 多 ，取 宜 少 。
jiāng jiā rén , xiān wèn jǐ 。
将 加 人 ，先 问 己 。
jǐ bú yù , jí sù yǐ 。
己 不 欲 ，即 速 已 。

小故事

赵盾(dùn)是春秋时晋国的大臣，由于他经常指责国君的过失，被国君视为眼中钉。有一次，国君假意请赵盾喝酒，却在酒宴上埋伏了杀手，赵盾眼看要被杀时，一名武士救了他。后来，赵盾问那个人为什么要拼死相救，这位武士说："当年，我饿得要死了，是您送给了我一筐饭食，并且还送东西养育我的母亲，这个恩德我怎能忘呢？"原来，这个武士是当年赵盾救济过的一个乞丐。

Lesson 12 When Taking and Giving

When taking and giving,
Making everything clear is what is important.
It is better to give much and take little.
When about to do unto others,
First ask yourself;
If you do not want it,
Then stop immediately.①

实践探索

(1)背诵课文。

(2)用自己的话说说文中这几句话的意思。

---

① 翻译参考"才德网"北美华人冯欣明英语及白话文翻译《弟子规》
http://tsoidug.org/dizigui_trans_simp.php

dì shí sān kè　shì suī xiǎo
第十三课　事虽小

shì suī xiǎo　wù shàn wéi
事虽小，勿擅为。

gǒu shàn wéi　zǐ dào kuī
苟擅为，子道亏。

wù suī xiǎo　wù sī cáng
物虽小，勿私藏。

gǒu sī cáng　qīn xīn shāng
苟私藏，亲心伤。

小故事

三国的时候，刘备临死时，对儿子刘禅（chán）不放心，除了把他托付给丞相诸葛亮，还给他留下了一封信来教育他。信中说："勿以恶小而为之，勿以善小而不为。惟贤惟德，能服于人。"这是说，不要认为坏事较小就去做它，不要认为好事较小就不去做它；只有品德良好才能让人信服。后来，刘禅在诸葛亮的辅佐下，蜀国还没有大的失误。诸葛亮死后，刘禅开始宠信宦官，逐渐放纵自己，最终蜀国被曹魏灭掉，刘禅也成了俘虏。

Lesson 13 Though a Matter May Be Small

Though a matter may be small,
Do not act arbitrarily.
If one acts arbitrarily,
The code that a son ought to follow gets damaged.
Though a thing may be small,
Do not selfishly hoard it.
If one selfishly hoards,
The parents' hearts will be hurt.①

实践探索

(1)背诵课文。

(2)用自己的话说说文中这几句话的意思。

---

① 翻译参考"才德网"北美华人冯欣明英语及白话文翻译《弟子规》
http://tsoidug.org/dizigui_trans_simp.php

dì shí sì kè jiàn rén shàn
第十四课 见人善

jiàn rén shàn jí sī qí
见人善，即思齐。

zòng qù yuǎn yǐ jiàn jī
纵去远，以渐跻。

jiàn rén è jí nèi xǐng
见人恶，即内省。

yǒu zé gǎi wú jiā jǐng
有则改，无加警。

小故事

东汉末年，有位叫郭泰的文人，他学问高深，为人谦和。有个叫魏照的人，不仅常来听他讲课，还把行李搬来，整天和他住在一起。郭泰很奇怪他听完课为什么不回家。魏照说：“能找到一位传授知识的老师很容易，但找一位能教自己做人的老师却很难。我天天和您在一起，是要模仿您待人接物时所表现出的高尚品格。”郭泰很感激，尽心竭力地教他，魏照很快就成为一个学识渊博、志向远大的人。

Lesson 14 On Seeing Others Being Good

On seeing others being good,
Think of equaling them.
Even if far below them,
You can gradually improve.
On seeing others being bad,
Inspect yourself.
If you act like them then correct;
If not then be vigilant.①

实践探索

(1)背诵课文。

(2)用自己的话说说文中这几句话的意思。

① 翻译参考“才德网”北美华人冯欣明英语及白话文翻译《弟子规》
http://tsoidug.org/dizigui_trans_simp.php

dì shí wǔ kè dú shū fǎ
第十五课 读书法

dú shū fǎ， yǒu sān dào。
读书法，有三到。
xīn yǎn kǒu， xìn jiē yào。
心眼口，信皆要。
fāng dú cǐ， wù mù bǐ。
方读此，勿慕彼。
cǐ wèi zhōng， bǐ wù qǐ。
此未终，彼勿起。

小故事

杨愔（yīn）小时候，特别爱读书，而且学习十分专注。一天，杨愔坐在院子里的李树下看书，熟透了的李子从树上掉下来，打中了他的背，他一动不动地读自己的书。孩子们纷纷来抢夺那从树上掉下来的李子，得到了的津津有味地品尝李子的美味，没有得到的懊丧不已，还要想办法弄几个吃吃，拿竹竿的拿竹竿，爬树的爬树，只有杨愔一动不动聚精会神地看书，在书海里遨游是他最大的乐趣。

Lesson 15 The Way to Study

The way to study
Requires three things coming together:
Heart, eyes and mouth,
Are all necessary.
When you have just begun reading one book,
Do not yearn for another;
When the first book has not been finished,
Do not start another one.①

实践探索

(1)背诵课文。

(2)用自己的话说说文中这几句话的意思。

① 翻译参考"才德网"北美华人冯欣明英语及白话文翻译《弟子规》
http://tsoidug.org/dizigui_trans_simp.php

zhōng guó bā dà cài xì

中 国 八 大 菜 系

中国地域辽阔，民族众多，各地饮食口味不同，却都味美，令人垂涎。因为中国地方菜肴各具特色，总体来讲，中国饮食可以大致分为八大地方菜系。

xiāng cài　chuān cài　yuè cài　sū cài
湘 菜　川 菜　粤 菜　苏 菜

zhè cài　mǐn cài　huī cài　lǔ cài
浙 菜　闽 菜　徽 菜　鲁 菜

bā dà cài xì gē yáo
八 大 菜 系 歌 谣：

mín yǐ shí wéi tiān　zhōng huá cài pǔ quán
民 以 食 为 天，中 华 菜 谱 全。

zhǔ yǒu bā cài xì　gè dì xù jiā tián
主 有 八 菜 系，各 地 续 加 填。

xiāng tán xiāng suān là　zuì là shǔ xī chuān
湘 潭 香 酸 辣，最 辣 属 西 川。

yuè cài zhòng yǎng shēng　sū cài kǒu wèi tián
粤 菜 重 养 生，苏 菜 口 味 甜。

zhè yǒu há xiā xiè　mǐn cài tāng wèi xiān
浙 有 蛤 虾 蟹，闽 菜 汤 味 鲜。

huī cài huǒ gōng wàng　lǔ pēng jì fǎ jiān
徽 菜 火 攻 旺，鲁 烹 技 法 尖。

chǎo liū jiān wēi zhǔ　suān tián kǔ là xián
炒 溜 煎 煨 煮，酸 甜 苦 辣 咸。

mín jiān yǒu zhēn yì　yù tán yǐ wàng yán
民 间 有 真 意，欲 谈 已 忘 言。

Hunan Cuisine　Sichuan Cuisine　Cantonese Cuisine　Jiangsu Cuisine

Zhejiang Cuisine　Fujian Cuisine　Anhui Cuisine　Shandong Cuisine

——Eight Regional Cuisines in China[①]

---

① 翻译参考博客 http://blog.sina.com.cn/s/blog_4e4b902a0100hkr8.html

第三单元 《增广贤文》选读

Unit 3 Wise Saying(Excerpt)

《增广贤文》又名《昔时贤文》《古今贤文》，是中国明代时期编写的道家儿童启蒙书目。其内容大致有这样几个方面：一是谈人及人际关系，二是谈命运，三是谈如何处世，四是表达对读书的看法。用以前圣贤们的言论，来谆谆教诲少年儿童。《增广贤文》由朗朗上口的谚语和文献佳句选编而成，内容丰富，启发性强。我们应该借鉴古人的经验教训，来指导今天的行为，因为今天是古代的延续。

dì shí liù kè xiào dāng jié lì

第十六课 孝当竭力

xiào dāng jié lì fēi tú yǎng shēn

一、孝当竭力，非徒养身。

yā yǒu fǎn bǔ zhī xiào yáng yǒu guì rǔ zhī ēn

鸦有反哺之孝，羊有跪乳之恩。

qǐ wú yuǎn dào sī qīn lèi

二、岂无远道思亲泪，

bù jí gāo táng niàn zǐ xīn

不及高堂念子心。

tiān xià wú bú shì de fù mǔ

三、天下无不是的父母，

shì jiān zuì nán dé zhě xiōng dì

世间最难得者兄弟。

Lesson 16 Do Your Utmost to Be Dutiful

1. Mere support of your parents is not enough,
   You should do your utmost to be dutiful.
   A crow feeds its parents when they are old,
   A lamb kneels down, when sucking milk from its mother,
   because it has gratitude to show.
2. Do people travelling far away, not miss their parents?
   Yet parents at home , worry more about their absent children.
3. The people who are not to blame are your father and mother,
   The most valuable help comes from your brother or sister.[1]

---

① 翻译参考 Yangtze 博客《增广贤文》中英对照 http://blog.sina.com.cn/s/blog_6b17ddba01015lnl.html

dì shí qī kè zhī jǐ zhī bǐ

第十七课 知己知彼

zhū è mò zuò zhòng shàn fèng xíng
一、诸恶莫作，众善奉行。

zhī jǐ zhī bǐ jiāng xīn bǐ xīn
二、知己知彼，将心比心。

zé rén zhī xīn zé jǐ ài jǐ zhī xīn ài rén
三、责人之心责己，爱己之心爱人。

nìng kě rén fù wǒ qiè mò wǒ fù rén
四、宁可人负我，切莫我负人。

Lesson 17 Know Both Yourself and Others

1. Refrain from doing any evil,
   Cherish every chance to do good work.
2. Know both yourself and others,
   Compare your heart with those of others.
3. Love others in the way, you are apt to love yourself,
   Blame yourself in the way, you are apt to blame others.
4. Choose a situation where others are unfair to you,
   Rather than one where you are unfair to others.①

① 翻译参考 Yangtze 博客《增广贤文》中英对照
http://blog.sina.com.cn/s/blog_6b17ddba01015lnl.html

dì shí bā kè lù yáo zhī mǎ lì
第十八课 路遥知马力

lù yáo zhī mǎ lì, shì jiǔ jiàn rén xīn
一、路遥知马力，事久见人心。

jiǔ féng zhī jǐ yǐn, shī xiàng huì rén yín
二、酒逢知己饮，诗向会人吟。

xiāng shí mǎn tiān xià, zhī xīn néng jǐ rén
相识满天下，知心能几人。

xiāng jiàn yì dé hǎo, jiǔ zhù nán wéi rén
三、相见易得好，久住难为人。

xiāng féng hǎo sì chū xiāng shí
四、相逢好似初相识，

dào lǎo zhōng wú yuàn hèn xīn
到老终无怨恨心。

píng shēng bù zuò zhòu méi shì
平生不作皱眉事，

shì shàng yīng wú qiè chǐ rén
世上应无切齿人。

Lesson 18 Distance Tests a Horse's Strength

1. The endurance of a horse, can be tested over a long distance,
   The heart of a person can be seen over time.
2. Wine is drunk when bosom friends meet,
   Poetry is chanted to people who understand it.
   Acquaintances are all over the world,
   But how many are real intimates?
3. All are good when first met,
   But embarrassment arises after living long together.
4. If two can maintain the warmth of first acquaintance,
   Between them all their lives there will be no enmity.
   You should find nobody who gnashes his teeth at you,
   If you have done nothing, to make others' brows contract . ①

---

① 翻译参考 Yangtze 博客《增广贤文》中英对照
http://blog.sina.com.cn/s/blog_6b17ddba01015lnl.html

dì shí jiǔ kè zhī zú cháng zú
第十九课 知足常足

zhī zú cháng zú zhōng shēn bù rǔ
一、知足常足，终身不辱。

zhī zhǐ cháng zhǐ zhōng shēn bù chǐ
知止常止，终身不耻。

jūn zǐ ài cái qǔ zhī yǒu dào
二、君子爱财，取之有道。

xiǎo rén fàng lì bú gù tiān lǐ
小人放利，不顾天理。

bèi rù yì bèi chū hài rén zhōng hài jǐ
三、悖入亦悖出，害人终害己。

rén fēi shàn bù jiāo wù fēi yì bù qǔ
四、人非善不交，物非义不取。

Lesson 19 Content Is Better than Riches

1. If you know when and where to stop,
   You can always be free from shame;
   If you know how to be content,
   You can always be free from humiliation.

2. If a gentleman loves money,
   He makes it in a proper way;
   When a villain grabs profit,
   He disregards a heavenly reason.
3. What is unfairly got will be unfairly lost,
   A person who harms others will harm himself with people.
4. Do not associate with people if they are malevolent,
   Do not take things if they are ill-gotten. ①

---

① 翻译参考 Yangtze 博客《增广贤文》中英对照
http://blog.sina.com.cn/s/blog_6b17ddba01015lnl.html

dì èr shí kè chánɡ jiānɡ hòu lànɡ tuī qián lànɡ

第二十课 长江后浪推前浪

chánɡ jiānɡ hòu lànɡ tuī qián lànɡ
一、长江后浪推前浪，

shì shànɡ xīn rén ɡǎn jiù rén
世上新人赶旧人。

rén shēnɡ yí shì
二、人生一世，

cǎo shēnɡ yì chūn
草生一春。

lái rú fēnɡ yǔ
来如风雨，

qù sì wēi chén
去似微尘。

zì hèn zhī wú yè mò wèi rì wú yīn
三、自恨枝无叶，莫谓日无阴。

yì nián zhī jì zài yú chūn
四、一年之计在于春，

yí rì zhī jì zài yú yín
一日之计在于寅，

yì jiā zhī jì zài yú hé
一家之计在于和，

yì shēnɡ zhī jì zài yú qín
一生之计在于勤。

Lesson 20 The Waves Behind Drive on Those Before

1. In Yangtze River, the waves behind drive on those before,
   In the world, new generations keep challenging old generations.
2. A person lives for a life, as grass lives for a spring.
   Like wind and rain is his coming,
   Like a speck of dust is his going.
3. Blame your leafless trees,
   Do not say that the sun is shining too brightly.
4. The key to a year is spring,
   The key to a day is morning;
   The key to a family is harmony,
   The key to one's life is diligence.①

① 翻译参考 Yangtze 博客《增广贤文》中英对照
http://blog.sina.com.cn/s/blog_6b17ddba01015lnl.html

shí èr shēng xiào
十 二 生 肖

十二生肖，又叫十二属相，是中国以十二地支相配于人的出生年份的十二种动物。

zǐ shǔ　chǒu niú　yín hǔ　mǎo tù
子 鼠　丑 牛　寅 虎　卯 兔

chén lóng　sì shé　wǔ mǎ　wèi yáng
辰 龙　巳 蛇　午 马　未 羊

shēn hóu　yǒu jī　xū gǒu　hài zhū
申 猴　酉 鸡　戌 狗　亥 猪

shí èr shēng xiào shùn xù gē
十 二 生 肖 顺 序 歌：

yī shǔ èr niú sān hǔ tóu
一 鼠 二 牛 三 虎 头，

sì tù wǔ lóng liù shé kǒu
四 兔 五 龙 六 蛇 口，

qī mǎ bā yáng jiǔ jīn hóu
七 马 八 羊 九 金 猴，

jī quǎn zhū zhàn zuì hòu tóu
鸡 犬 猪 站 最 后 头。

Twelve Zodiac Order Song

Rat shrewd
Ox diligent
Tiger fierce
Rabbit alert
Dragon powerful
Snake flexible
Horse vigorous
Goat temperate
Monkey clever
Rooster insightful
Dog loyalty
Pig lazy

——Chinese Zodiac[1]

---

① 黄璐，周嘉淇译

第四单元 《论语》选读

Unit 4 The Analects(Excerpt)

《论语》是中国儒家的宝典，其中记载着两千五百多年前孔子和他的弟子的言行。“半部《论语》治天下”，自古至今，无论在士人当中还是在老百姓中间，《论语》都是中国人眼中不可逾越的圣典。要想了解中国的儒家文化、孔子思想，就不能不读《论语》。这章我们精选了《论语》中的十五则，分为“论仁”“论礼”“论孝悌”“论学”及“论知与行”五个主题。

dì èr shí yī kè lùn rén
第二十一课 论仁

Lesson 21 On Humanity

内容简介

“仁”乃是儒家重要思想之一，在中国一直都有着巨大的影响，本课通过孔子与弟子的答疑对话，从个人对自己、他人、社会和国家几个方面具体阐明了为“仁”的做法。

kè jǐ fù lǐ wéi rén
克己复礼为仁

yán yuān wèn rén
颜渊问仁。

zǐ yuē kè jǐ fù lǐ wéi rén yí rì kè jǐ fù lǐ tiān xià guī rén yān wéi rén yóu jǐ ér yóu rén hū zāi
子曰："克己复礼为仁。一日克己复礼，天下归仁焉。为仁由己，而由人乎哉？"

yán yuān yuē qǐng wèn qí mù
颜渊曰："请问其目。"

zǐ yuē fēi lǐ wù shì fēi lǐ wù tīng fēi lǐ wù yán fēi lǐ wù dòng
子曰："非礼勿视，非礼勿听，非礼勿言，非礼勿动。"

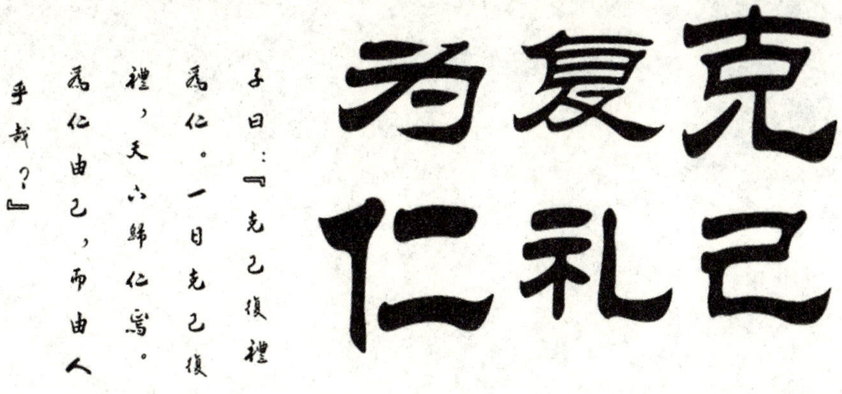

The Meaning of Humanity

Yan Yuan asked about humanity.

Confucius said, "Humanity means to restrain oneself and observe the rites. Once one does this, the whole world will be embraced in one's humane mind. To practise humanity depends on oneself—how can it depend on anyone else?"

Yan Yuan said, "May I ask about the specific rules?"

Confucius said, "One should not look if it does not conform to the rites; one should not listen if it does not conform to the rites, one should not speak if it does not conform to the rites, and one should not act if it does not conform to the rites."①

① 丁往道 选编、英译,《孔子语录》, 中国对外翻译出版公司, 2007 年, 第 3 页

jǐ suǒ bú yù wù shī yú rén
己所不欲，勿施于人

zhòng gōng wèn rén
仲弓问仁。

zǐ yuē chū mén rú jiàn dà bīn shǐ mín rú chéng dà jì jǐ suǒ bú yù wù shī yú rén zài bāng wú yuàn zài jiā wú yuàn
子曰："出门如见大宾，使民如承大祭。己所不欲，勿施于人。在邦无怨，在家无怨。"

Imposing Nothing Undesirable on Others

Zhonggong asked about humanity.

Confucius said, "When you go out of your home, behave as if you were meeting important guests; when you are using the common people's labor, behave as if you were conducting a solemn sacrificial ceremony. Do not impose on others what you do not desire yourself. Bear no grudge against the state where you work; have no feeling of dissatisfaction when you stay at home."①

① 丁往道 选编、英译,《孔子语录》, 中国对外翻译出版公司, 2007 年, 第 11 页

jǐ yù lì ér lì rén
己欲立而立人

zǐ gòng yuē rú yǒu bó shī yú mín ér néng jì zhòng hé rú kě wèi rén hū
子贡曰："如有博施于民而能济众，何如？可谓仁乎？"

zǐ yuē hé shì yú rén bì yě shèng hū yáo shùn qí yóu bìng zhū fú rén zhě jǐ yù lì ér lì rén jǐ yù dá ér dá rén néng jìn qǔ pì kě wèi rén zhī fāng yě yǐ
子曰："何事于仁？必也圣乎！尧舜其犹病诸！夫仁者，己欲立而立人，己欲达而达人。能近取譬，可谓仁之方也已。"

实践探索

查找其他关于孔子"仁"的思想的故事，在课堂上进行分享，拓展自己和同学们的知识量，促进对课文的理解！

Helping Others to Be Established

Zigong asked, "What would you say about a person who gives extensive relief to the common people and help many men? Can he be called a humane person? "

Confucius answered, "He is more than a humane person—he must be a sage! Even Yao and Shun may not have done so much. A humane person is one who helps others to be established when he wishes to be established himself, and helps others to be successful when he wishes to be successful himself. To start from one's own desires can be said to be a way of practising humanity."①

① 丁往道 选编、英译,《孔子语录》, 中国对外翻译出版公司, 2007 年, 第 7 页

dì èr shí èr kè lùn lǐ

第二十二课 论礼

Lesson 22 On the Rites

内容简介

礼是一种态度，一种修养。古人讲究“知书达礼”，今人则强调“文明讲礼”。本课主要介绍了什么是“礼”，“礼”又有什么作用，作为君子又当如何为“礼”。

lǐ zhī běn
礼之本

lín fàng wèn lǐ zhī běn
林放问礼之本。

zǐ yuē dà zāi wèn lǐ yǔ qí shē yě nìng jiǎn sāng yǔ qí yì yě nìng qī
子曰："大哉问！礼，与其奢也，宁俭；丧，与其易也，宁戚。"

Essence of the Rites

Lin Fang asked about the essence of the rites.

Confucius said, "A very significant question! The rites should be performed in a frugal way rather than in an extravagant way. Funerals should be held with grief rather than with pomposity."①

① 丁往道 选编、英译，《孔子语录》，中国对外翻译出版公司，2007 年，第 37 页

hé wéi guì
和为贵

yǒu zǐ yuē lǐ zhī yòng hé wéi guì xiān wáng zhī dào sī wéi měi
有子曰:“礼之用,和为贵。先王之道,斯为美。
xiǎo dà yóu zhī yǒu suǒ bù xíng zhī hé ér hé bù yǐ lǐ jié zhī yì bù kě
小大由之,有所不行,知和而和,不以礼节之,亦不可
xíng yě
行也。”

The Rites and Harmony

Youzi said, “The most valuable use of the rites is to achieve harmony. In harmony lies the most beautiful of the ways of the former sage-kings. Whether they dealt with important or unimportant things, they started from harmony. But there may be places where this principle does not work: pursuing harmony because one knows of it without regulating it with the rites is not feasible.”①

---

① 丁往道 选编、英译,《孔子语录》,中国对外翻译出版公司,2007 年,第 43 页

gōng ér wú lǐ zé láo
恭而无礼则劳

zǐ yuē gōng ér wú lǐ zé láo shèn ér wú lǐ zé xǐ yǒng ér wú lǐ
子曰："恭而无礼则劳，慎而无礼则葸，勇而无礼

zé luàn zhí ér wú lǐ zé jiǎo jūn zǐ dǔ yú qīn zé mín xīng yú rén gù jiù
则乱，直而无礼则绞。君子笃于亲，则民兴于仁；故旧

bù yí zé mín bù tōu
不遗，则民不偷。"

The Rites and Other Virtues

Confucius said, " Unless guided by the rites, one may be fatigued if one is reverent, timid if cautious, rebellious if brave, and offensive if straightforward. If those in high position are sincere and affectionate to their parents and relatives, in the common people there will arise humane feelings; if they do not forget their former friends and colleagues, the common people will not be hardhearted."①

---

① 丁往道 选编、英译，《孔子语录》，中国对外翻译出版公司，2007 年，第 45 页

dì èr shí sān kè lùn xiào tì
第二十三课 论孝悌

Lesson 23 On Filial Piety and Brotherly Love

内容简介

本课主要通过孔子的言行，阐述了何为子女对父母的孝与敬以及提出尊敬父母、以礼事父母的具体表现。

xiào yǔ jìng
孝与敬

zǐ yóu wèn xiào
子游问孝。

zǐ yuē jīn zhī xiào zhě shì wèi néng yǎng zhì yú quǎn mǎ jiē néng
子曰："今之孝者，是谓能养。至于犬马，皆能

yǒu yǎng bú jìng hé yǐ bié hū
有养。不敬，何以别乎？"

Filial Piety and Reverence

Ziyou asked about filial piety.

Confucius said, "At present those who can feed their parents are considered filial sons. Even dogs and horses are fed. If no reverence is shown, where is the difference?"①

① 丁往道 选编、英译，《孔子语录》，中国对外翻译出版公司，2007 年，第 55 页

zūn jìng fù mǔ
尊敬父母

zǐ yuē shì fù mǔ jǐ jiàn jiàn zhì bù cóng yòu jìng bù wéi láo ér bú yuàn
子曰："事父母几谏，见志不从，又敬不违，劳而不怨。"

Respect for Parents

Confucius said, "In looking after one's parents, one may need to give very mild advice to them. If it is not accepted, one should remain respectful and obedient. One may be worried, but will never complain."①

① 丁往道 选编、英译，《孔子语录》，中国对外翻译出版公司，2007 年，第 57 页

yǐ lǐ shì fù mǔ
以礼事父母

mèng yì zǐ wèn xiào
孟懿子问孝。

zǐ yuē wú wéi
子曰："无违。"

fán chí yù zǐ gào zhī yuē mèng sūn wèn xiào yú wǒ wǒ duì yuē wú wéi
樊迟御，子告之曰："孟孙问孝于我，我对曰'无违'。"

fán chí yuē hé wèi yě
樊迟曰："何谓也？"

zǐ yuē shēng shì zhī yǐ lǐ sǐ zàng zhī yǐ lǐ jì zhī yǐ lǐ
子曰："生，事之以礼；死，葬之以礼，祭之以礼。"

Serving Parents According to the Rites

Meng Yizi asked about filial piety.

Confucius said, "Do nothing against the rites."

When Fan Chi was driving, Confucius told him about the conversation, saying, "Mengsun asked me about filial piety and I answered, 'Do nothing against the rites.'"

Fan Chi asked, "What did you mean?"

Confucius said, "While one's parents are alive, one should serve them according to the rites; after they die, one should bury them and offer sacrifices to them according to the rites."①

① 丁往道 选编、英译,《孔子语录》, 中国对外翻译出版公司, 2007 年, 第61页

dì èr shí sì kè lùn xué
第二十四课 论学

Lesson 24 On Learning

内容简介

本课主要讲述的是孔子教述其弟子一些学习的方法，并提出“学而时习之”的观点。

xué ér shí xí zhī
学而时习之

zǐ yuē xué ér shí xí zhī bú yì yuè hū yǒu péng zì yuǎn fāng lái
子曰："学而时习之，不亦说乎？有朋自远方来，

bú yì lè hū rén bù zhī ér bú yùn bú yì jūn zǐ hū
不亦乐乎？人不知而不愠，不亦君子乎？

Learning and Practicing Is a Pleasure

Confucius said ,“ Is it not a pleasure to learn and practise from time to time what is learned? Is it not a joy to see a friend who has come from a faraway place? Is it not gentlemanly to have no resentment when one is not properly understood?”①

① 丁往道 选编、英译，《孔子语录》，中国对外翻译出版公司，2007 年，第 155 页

jǔ yī fǎn sān
举一反三

zǐ yuē bú fèn bù qǐ bù fěi bù fā jǔ yì yú bù yǐ sān yú fǎn
子曰："不愤不启，不悱不发，举一隅不以三隅反，

zé bú fù yě
则不复也。"

Inferring Three Corners After Being Shown One

Confucius said, " A student should not be taught unless he is anxious to understand what he does not understand, and should not be enlightened unless he is eager to express what he cannot express. If he is shown one corner of a square and cannot infer the other three, the teaching will not be repeated."①

---

① 丁往道 选编、英译，《孔子语录》，中国对外翻译出版公司，2007 年，第 165 页

liù yán liù bì
六言六蔽

zǐ yuē yóu yě rǔ wén liù yán liù bì yǐ hū
子曰："由也！女闻六言六蔽矣乎？"

duì yuē wèi yě
对曰："未也。"

jū wú yù rǔ hào rén bú hào xué qí bì yě yú hào zhì bú hào
"居！吾语女。好仁不好学，其蔽也愚。好知不好

xué qí bì yě dàng hào xìn bú hào xué qí bì yě zéi hào zhí bú hào
学，其蔽也荡。好信不好学，其蔽也贼。好直不好

xué qí bì yě jiǎo hào yǒng bú hào xué qí bì yě luàn hào gāng bú hào
学，其蔽也绞。好勇不好学，其蔽也乱。好刚不好

xué qí bì yě kuáng
学，其蔽也狂。"

Six Virtues and Six Weaknesses

Confucius said, "You, have you heard about the six virtues and the six weaknesses?"

The answer was "Not yet."

"Be seated and I shall tell you. To love humanity without loving learning may lead to the weakness of being foolish; to love cleverness without loving learning may lead to the weakness of being aimless and illusory; to love trustworthiness without loving learning may lead to the weakness of doing harm to oneself; to love frankness without loving learning may lead to the weakness of being rash; to love courage without loving learning may lead to the weakness of being troublesome; to love firmness without loving learning may lead to the weakness of being arrogant."①

① 丁往道 选编、英译,《孔子语录》, 中国对外翻译出版公司, 2007 年, 第 161 页

dì èr shí wǔ kè lùn zhī yǔ xíng
第二十五课 论知与行

Lesson 25 On Knowledge and Practice

内容简介

本课主要探讨了如何做到真正的“知”与“行”，并提出了著名的“知之为知之”理论。

zhī zhī hào zhī lè zhī
知之、好之、乐之

zǐ yuē zhī zhī zhě bù rú hào zhī zhě hào zhī zhě bù rú lè zhī zhě
子曰："知之者不如好之者，好之者不如乐之者。"

To Know Something, to Like It and to Delight in It

Confucius said, "To know something is not so good as to like it, to like it is not so good as to delight in it."①

① 丁往道 选编、英译，《孔子语录》，中国对外翻译出版公司，2007 年，第 169 页

zhī yǔ bù zhī
知与不知

zǐ yuē yóu huì rǔ zhī zhī hū zhī zhī wéi zhī zhī bù zhī wéi bù
子曰：“由，诲女知之乎？知之为知之，不知为不
zhī shì zhì yě
知，是知也。”

To Know and Not to Know

Confucius said, “You, shall I teach you what it is to know? You know something if you know it, and you do not know something if you do not. That is what to know means.”①

① 丁往道 选编、英译，《孔子语录》，中国对外翻译出版公司，2007年，第171页

tīng qí yán guān qí xíng
听其言，观其行

zǎi yǔ zhòu qǐn
宰予昼寝。

zǐ yuē xiǔ mù bù kě diāo yě fèn tǔ zhī qiáng
子曰：“朽木不可雕也，粪土之墙

bù kě wū yě yú yǔ yǔ hé zhū
不可杇也。于予与何诛？”

zǐ yuē shǐ wú yú rén yě tīng qí yán ér xìn qí
子曰：“始吾于人也，听其言而信其

xíng jīn wú yú rén yě tīng qí yán ér guān qí xíng
行；今吾于人也，听其言而观其行。

yú yǔ yǔ gǎi shì
于予与改是。”

实践探索

每个国家都有不同的文化，对于孝的理解也是不尽相同的。请同学们搜集资料或者与同学一起交流，分享不同国家关于“孝”的文化。

Watching a Man's Action After Listening to His Words

Zaiyu slept in the daytime.

Confucius said, "Rotten wood cannot be carved, and a dirt wall cannot be decorated. There is no need to give Zaiyu any further criticism."

Confucius said, "I used to believe a man's actions after listening to his words. Now I watch a man's actions after listening to his words. It is because of Zaiyu that I have changed."①

① 丁往道 选编、英译,《孔子语录》, 中国对外翻译出版公司, 2007 年, 177 页

gǔ mí yì zhì
古谜益智

猜猜谜语吧！

lán chē kǎo kǒng zǐ
【拦车考孔子】

孔夫子周游列国，一日来到燕国。

进城门没多远，见一少年拦住马车说：“我叫项橐(tuó)，听说孔老先生很有学问，特拦路求教。”

孔夫子笑着说：“小孩儿，你遇到什么难题啦？”

项橐立起问道：“什么水没有鱼？什么火没有烟？什么树没有叶？什么花没有枝？”

孔夫子听后说：“江河湖海，什么水里都有鱼；不管柴草灯烛，什么火都有烟，至于植物，没有叶不能成树，没有枝难于开花。”

项橐晃着脑袋直喊：“不对！”接着说出四物。

孔夫子道：“后生可畏啊，老夫拜你为师！”你知道项橐说的是哪四物吗？

mí dǐ jǐng shuǐ méi yǒu yú yíng huǒ méi yǒu yān kū shù méi yǒu yè xuě huā méi yǒu zhī
【谜底：井水没有鱼，萤火没有烟，枯树没有叶，雪花没有枝。】

第五单元　家训名篇

Unit 5　Family Education

家庭是生命诞生的摇篮，也是生命接受教育成才成长的最初场所，即人生的第一个课堂；父母是儿童的第一任老师，是儿童开始探索、了解世界的启蒙老师。少年儿童犹如一张白纸般天真纯洁，没有沾染丝毫人间烟火，“染于苍则苍，染于黄则黄”。从先秦到明清，中国古代流传下来的家训可谓汗牛充栋，有些堪为经典，国人家喻户晓。这些教子篇，或指导为人处世，或勉励勤奋求学，或促其养德积善，都给我们树立了典范。通过本单元经典作品的学习，相信我们一定能从古人身上得到很多为人处世的启示。

dì èr shí liù kè jiā xùn shī cí
第二十六课 家训诗词

Lesson 26 Poems of Family Education

yóu zǐ yín
游子吟

mèng jiāo táng
孟郊（唐）

cí mǔ shǒu zhōng xiàn, yóu zǐ shēn shàng yī.
慈母手中线，游子身上衣。
lín xíng mì mì féng, yì kǒng chí chí guī.
临行密密缝，意恐迟迟归。
shuí yán cùn cǎo xīn, bào dé sān chūn huī.
谁言寸草心，报得三春晖。

作品简介

通过一位慈母给远行的孩子密密缝衣的生活原型，形象生动地表达了母亲对孩子的真挚感情。这首诗家喻户晓，老少咸诵，成为古今必读的教子名篇。

A Journeyer's Song

MENG Jiao

Through a kind mother's hands passed the thread,
That made the clothes I journeying wear.
Tightly tightly she wove them then,
Dreading year after year of no return.
Can the young grass ever repay,
The spring sun's kindly rays?①

① 张廷琛，魏博思选译，《唐诗一百首》，中国对外翻译出版公司，2007 年，第 131 页

jīn lǚ yī
金缕衣

wú míng shì táng
无名氏（唐）

quàn jūn mò xī jīn lǚ yī[1]
劝君莫惜金缕衣，

quàn jūn xū xī shào nián shí
劝君须惜少年时。

yǒu huā kān[2] zhé zhí xū[3] zhé
有花堪折直须折，

mò dài wú huā kōng zhé zhī
莫待无花空折枝。

【注释】

[1] 金缕衣：以金线制成的华丽衣裳。

[2] 堪：可。

[3] 直须：不必犹豫。

作品简介

《金缕衣》是唐朝时期的一首七言乐府，作者为无名氏。这首诗含义比较单纯，反复咏叹强调爱惜时光，莫要错过青春年华。

Cloth of Gold

Anonymous

I advise you not to cherish cloth of gold,
But to honor the days of youth.
When flowers bloom they need be plucked:
Wait not to grasp in vain at empty twigs.①

① 张廷琛，魏博思选译，《唐诗一百首》，中国对外翻译出版公司，2007年，第297页

dì èr shí qī kè yuán shì shì fàn xuǎn duàn

第二十七课 袁氏世范(选段)

yuán cǎi

袁采

rén zhī xìng xíng[1] suī yǒu suǒ duǎn bì yǒu suǒ cháng yǔ rén jiāo yóu ruò cháng[2] jiàn qí[3] duǎn ér bú jiàn qí cháng zé shí rì[4] bù kě tóng chǔ[5] ruò cháng niàn[6] qí cháng ér bú gù[7] qí duǎn suī zhōng shēn yǔ zhī jiāo yóu kě yě

人之性行，虽有所短，必有所长。与人交游，若常见其短而不见其长，则时日不可同处。若常念其长而不顾其短，虽终身与之交游可也。

chǔ jǐ jiē wù ér cháng huái màn[8] xīn wěi xīn dù xīn yí xīn zhě jiē zì qǔ qīng rǔ[9] yú rén shèng dé[10] jūn zǐ suǒ bù wéi yě

处己接物，而常怀慢心、伪心、妒心、疑心者，皆自取轻辱于人，盛德君子所不为也。

作品简介

《袁氏世范》共分三卷：即《睦亲》《处己》《治家》。内容多涉读书修身、敬业、重贤、尊老爱幼、治家理财、人伦之道、处世之道等多方面。清朝《四库全书》收录了此书。袁采，字君载，衢州人，南宋孝宗隆兴元年(1163)进士才德并佳，时人称其为“德足而形成，学博而文富”。

【注释】

[1] 性行：性，性格；行，行为。

[2] 常：经常，常常。

[3] 其：指他，他的。

[4] 时日：一时间，一会儿。

[5] 处：相处。

[6] 念：念叨，想着。

[7] 顾：顾及，计较。

[8] 慢：傲慢。

[9] 轻辱：轻，轻蔑；辱，侮辱。

[10] 盛德：盛，高尚的；德，品德。

实践探索

(1)熟读全文，复述概要。

(2)解释句子，理解精华：人之性行，虽有所短，必有所长。

(3)名句积累：尺有所短，寸有所长。

Lesson 27 Education of Yuan Family (Excerpt)

YUAN Cai

The characters and tempers of people contain not only disadvantages but also advantages. If one only see the shortcomings when getting along with others, it is hard for other people to stay with him or she for even an hour. On the contrary, if one often consider the merits of others and tolerate some of their shortcomings, then one will enjoy a lifetime of living in peace and harmony with others.

If one always treat people and things with an attitude of arrogance, hypocrisy, jealousy and suspicion, one will get into trouble of contempt and insult from others by yourself. A noble man will never do anything like that.[①]

① 周嘉淇译

dì èr shí bā kè jiè[1] zǐ shū
第二十八课　诫子书

zhū gě liàng
诸葛亮

fú jūn zǐ[2] zhī xíng jìng yǐ xiū shēn[3]
夫君子之行，静以修身，
jiǎn yǐ yǎng dé[4] fēi dàn bó wú yǐ míng
俭以养德。非淡泊无以明
zhì[5] fēi níng jìng wú yǐ zhì yuǎn[6]
志，非宁静无以致远。

fú xué xū jìng yě cái xū xué yě fēi
夫学须静也，才须学也，非
xué wú yǐ guǎng cái[7] fēi zhì wú yǐ chéng xué yín màn zé bù néng lì
学无以广才，非志无以成学，淫慢则不能励
jīng[8] xiǎn zào zé bù néng yě xìng[9] nián yǔ shí chí[10] yì yǔ rì qù[11] suì
精，险躁则不能冶性，年与时驰，意与日去，遂
chéng kū luò duō bù jiē shì[12] bēi shǒu qióng lú[13] jiāng fù hé jí[14]
成枯落，多不接世，悲守穷庐，将复何及！

作品简介

诸葛亮，三国时期政治家、军事家。字孔明，琅(láng)琊阳都(今山东沂南)人。

《诫子书》是三国时期政治家诸葛亮临终前写给他儿子诸葛瞻(zhān)的一封家书。从文中可以看作出诸葛亮是一位品格高洁、才学渊博的父亲，对儿子的殷殷教诲与无限期望尽在此书中。全文通过智慧理性、简练谨严的文字，将普天下为人父者的爱子之情表达得非常深切，成为后世历代学子修身立志的名篇。

【注释】

[1] 诫：警告，劝人警惕。
[2] 君子：品德高尚的人。指操守、品德、品行。
[3] 修身：个人的品德修养。
[4] 养德：培养品德。
[5] 淡泊：清静而不贪图功名利禄。明志：表明自己崇高的志向。
[6] 宁静：这里指安静，集中精神。致远：实现远大目标。
[7] 广才：增长才干。
[8] 淫慢：漫不经心。励精：尽心，专心，奋勉，振奋。
[9] 险躁：冒险急躁，狭隘浮躁。治性："治"通"冶(yě)"，陶冶性情。
[10] 与：跟随。驰：增长。
[11] 日：时间。去：消逝，逝去。
[12] 多不接世：意思是对社会没有任何贡献。
[13] 穷庐：破房子。
[14] 将复何及：又怎么来得及。

实践探索

(1)思考《诫子书》中冷静处世，静心思考的句子。
(2)探索《诫子书》所阐明的道理。

Lesson 28　Letter to Expostulate with Son

ZHU Geliang

A man of noble character cultivates his moral and behavior from keeping quiet to improving self-cultivation, and from being thrifty to developing his own moral character. His aspiration cannot be clear if he tries to seek fame and wealth, and he can not reach the ambitious targets if he is not in tranquility.

Learning takes place in quiet reflection and the ability grow in constant learning. One's talent will be exhausted without learning and one's learning will not be pursued without aspiration. Remissness runs counter to vigorous strife; adventure and impatience spoils one's nature. As time flies and one gets old, his will is weakened and he is of little utility to society. How regretful and sad he will be when sitting in the poor house alone? ①

① 周嘉淇译

dì èr shí jiǔ kè miǎn yù ér bèi
第二十九课 勉谕儿辈

zhōu yí
周怡

yóu jiǎn[1] rù shē yì yóu shē[2] rù jiǎn nán yǐn shí yī fú ruò sī dé
由俭入奢易，由奢入俭难。饮食衣服，若思得

zhī jiān nán bù gǎn qīng yì fèi yòng[3] jiǔ ròu yì cān kě bàn cū fàn[4] jǐ rì
之艰难，不敢轻易费用。酒肉一餐，可办粗饭几日

shā juàn[5] yì pǐ kě bàn cū yī jǐ jiàn bù chán[6] bù hán zú yǐ hé bì
；纱绢一匹，可办粗衣几件。不馋不寒足矣，何必

tú[7] hǎo chī hǎo zhuó[8] cháng jiāng yǒu rì sī wú rì mò dài[9] wú shí sī yǒu
图好吃好着？常将有日思无日，莫待无时思有

shí zé zǐ zǐ sūn sūn cháng xiǎng wēn bǎo yǐ
时，则子子孙孙常享温饱矣。

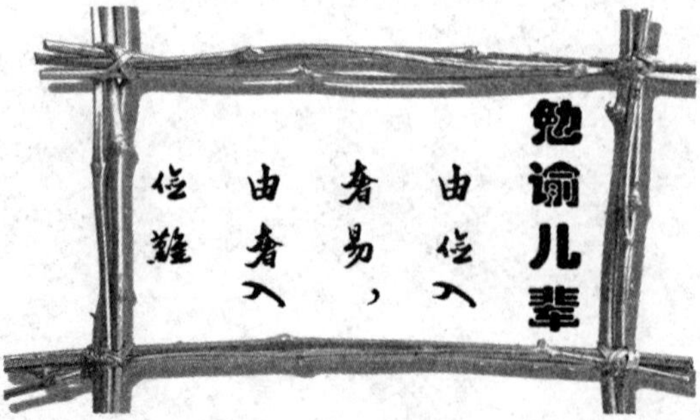

作品简介

勉谕儿辈，即劝勉教育子侄一辈的人。中国人非常注重家庭教育，在长期的生活实践中，古人积累了大量的治家经验，希望子孙们世代遵守，以保长久的幸福安宁。周怡，字顺之，号讷溪，明代仙源人。嘉靖十七年(1538)登进士，初任顺德推官，政绩优异。周怡在这里所谈的是“奢”与“俭”的关系问题。

【注释】

[1] 俭：节俭。

[2] 奢：奢侈费用。

[3] 费用：花费钱财。

[4] 粗饭：粗茶淡饭。

[5] 纱绢：一种细薄的丝织品。

[6] 馁：指饥饿的意思。

[7] 图：贪图。

[8] 着：穿。

[9] 待：等待。

实践探索

(1)熟读全文，复述概要。

(2)解释句子，理解精华：由俭入奢易，由奢入俭难。

(3)节俭是长期养成的良好生活习惯，一旦丢弃，再回到原来的生活状态就难了。所以要培养勤俭节约的好习惯，要坚持。从现在做起，从自我做起。

Lesson 29 Teaching the Younger Generation

ZHOU Yi

It is easy to turn frugality into luxury, yet difficult from luxury to frugality. If one realizes that obtaining the resources of food and clothes is difficult one wouldn't squander anything casually. One feast can be used to make bread for a few days; Some silks can equal several pieces of ordinary dresses. One would be satisfied for being full and warm, thus why prefer eating the good and wearing the well-dressed? If one often remembers and rethinks the days of poverty when living an abundant life, and do not miss richness at the moment of poor, then the children and grandchildren will always enjoy a life of lasting prosperity. ①

① 黄璐译

dì sān shí kè　táo mǔ zé zǐ[1]
第三十课　陶母责子

liú yì qìng
刘义庆

táo gōng[2] shào shí zuò yú liáng lì[3] cháng yǐ gān zhǎ[4] xiǎng mǔ[5]
陶公少时，作鱼梁吏，尝以坩鲊饷母。

mǔ fēng zhǎ fù shǐ[6] fǎn shū[7] zé kǎn yuē rǔ wéi lì yǐ guān wù jiàn
母封鲊付使，反书责侃曰：“汝为吏，以官物见

xiǎng[8] fēi wéi bú yì nǎi zēng wú yōu yě
饷，非唯不益，乃增吾忧也。”

作品简介

《世说新语》主要是记录魏晋名士的逸闻轶事和玄言清谈，是中国魏晋南北朝时期“笔记小说”的代表作，是我国最早的一部文言志人小说集。刘义庆，字季伯，原籍南朝宋彭城（今江苏徐州），世居京口（今江苏镇江），南朝宋文学家。

【注释】

[1] 选自《世说新语》。

[2] 陶公：陶侃（kǎn），东晋时期名将。

[3] 鱼梁吏：管理河道及渔业的官吏。

[4] 坩（gān）鲊（zhǎ）：一坛糟鱼。

[5] 饷（xiǎng）母：赠送给母亲。饷，赠送。

[6] 付使：交还差役。使：在官府里当差的人。

[7] 反书：回信。

[8] 见饷：赠给我。

实践探索

（1）读《陶母责子》这一历史故事，要把握住陶母对儿子的严格要求这一崇高境界。

（2）文章启示我们做人要诚信、廉洁、自律；为官者要两袖清风、廉明。

Lesson 30　Mother Tao Taught Her Son

LIU Yiqing

Tao Kan had served as a river management and Fisheries officials when he was young, and he gave a jar of pickled fish to his mother. Tao Kan's mother sealed the fish up and sent it back to the servants, writing a letter to blame Tao Kan. It said: "As an official, you should be honest and upright. Yet you sent the government property as a gift to me. What you did bring me into trouble instead of doing good for me."①

① 黄璐译

gǔ mí yì zhì
古谜益智

猜猜谜语吧！

mì fāng
【秘 方】

杭州吴山，有一术士在大街上摆摊，出售秘法三条：一是持家必发；二是饮酒不醉；三是生虱断根。秘法之“秘”，用厚纸密封，郑重其事地摆着，每包标价铜钱三百。买者拿回家中拆开一看，里面写着六个大字。个个哭笑不得，大呼上当。你能猜出是六个什么字吗？

wáng ān shí shī mí
【王 安 石 诗 谜】

王安石访友，作诗曰：“两个伙计，同眠同起，亲朋聚会，谁见谁喜。”王安石又访友作诗曰：“两个伙计，为人正直，贪馋一生，利不归己。”王安石复又访友作诗曰：“两个伙计，终身孤凄，走遍天涯，无有妻室。”王安石三首诗隐射同一物，聪明的读者，你能猜中吗？

mí dǐ　qín jiǎn　zǎo sàn　qín zhuō　kuài zi
【谜底：1. 勤俭，早散，勤捉。2. 筷子。】

第六单元　为学名篇

Unit 6　About Learning

每一个人的学习方式都是不同的，但都离不开勤奋、坚持。学习的过程是一个积累的过程，积累到了一定的时候就会产生质变。就像玉石需经过打磨，方能成器。人生积时为日，积日为月，积月为年，看似长久，其实一瞥即逝。如任其蹉跎，则日复一日，年复一年，自甘暴弃，终究要后悔无及的。所以“少壮不努力，老大徒伤悲”；“青春须早为，岂能长少年”；“及时当勉励，岁月不待人”；“明日复明日，明日何其多”。但仅仅学习一些理论基础还是远远不够的，因为“纸上得来终觉浅”。学习也是需要创新的，因为“问渠哪得清如许，为有源头活水来”。人只有通过不断的学习才能成才，才能发挥自己的价值。本单元通过古代散文中论述勤奋学习的重要性的名篇向读者深刻阐释何为“为学”。

dì sān shí yī kè wéi xué shī cí

第三十一课 为学诗词

Lesson 31 Poems of Learning

cháng gē xíng

长歌行

yuè fǔ shī jí

——乐府诗集

qīng qīng yuán zhōng kuí zhāo lù dài rì xī
青青园中葵，朝露待日晞。

yáng chūn bù dé zé wàn wù shēngguāng huī
阳春布德泽，万物生光辉。

cháng kǒng qiū jié zhì kūn huáng huā yè shuāi
常恐秋节至，焜黄华叶衰。

bǎi chuān dōng dào hǎi hé shí fù xī guī
百川东到海，何时复西归。

shào zhuàng bù nǔ lì lǎo dà tú shāng bēi
少壮不努力，老大徒伤悲。

作品简介

《长歌行》是汉代乐府诗歌，是劝诫世人惜时奋进的名篇。此诗从整体构思看，主要意思是说时节变换得很快，光阴一去不返，因而劝人要珍惜青年时代，发奋努力，使自己有所作为。

A Song in Slow Time

Yuefu Collection of Poems

Green the mallow in the garden,
Waiting for sunlight to dry the morning dew;
Bright spring diffuses virtue,
Adding fresh luster to all living things.
Yet I dread the coming of autumn
When leaves turn yellow and the flowers fade.
A hundred streams flow eastwards to the ocean,
Nevermore to turn west again;
And one who mis-spends his youth
In old age will grieve in vain.①

---

① 翻译参考"可可英语翻译网"
http://www.kekenet.com/kouyi/201409/323547.shtml

quàn xué

劝 学

mèng jiāo táng

孟 郊 （唐）

jī shí nǎi yǒu huǒ bù jī yuán wú yān

击 石 乃 有 火，不 击 元 无 烟。

rén xué shǐ zhī dào bù xué fēi zì rán

人 学 始 知 道，不 学 非 自 然。

wàn shì xū jǐ yùn tā dé fēi wǒ xián

万 事 须 己 运，他 得 非 我 贤。

qīng chūn xū zǎo wéi qǐ néng cháng shào nián

青 春 须 早 为，岂 能 长 少 年。

作品简介

这首《劝学》是唐代诗人孟郊所写，全诗四句四十个字，写出学习读书的重要性。此诗还告诉我们知识是不会从天上掉下来的。错过了学习的时间，少年还会回来吗？

Work Your Way

MENG Jiao

Strike stones to make it burn;
No smoke unless you strike.
You are crude if you do not learn;
And you will not be sage-like.
The soonest work your way,
His dime is not your dime.
Do it young while you may;
Can you prolong your prime?①

① 翻译参考赵彦春英译孟郊《劝学》
http://blog.sina.com.cn/s/blog_698085bf0102ekoi.html

dōng yè dú shū shì zǐ yù
冬夜读书示子聿

lù yóu nán sòng
陆游（南宋）

gǔ rén xué wèn wú yí lì
古人学问无遗力，
shàozhuàng gōng fū lǎo shǐ chéng
少壮工夫老始成。
zhǐ shàng dé lái zhōng jué qiǎn
纸上得来终觉浅，
jué zhī cǐ shì yào gōng xíng
绝知此事要躬行。

作品简介

这是一首非常有名的诗。诗人一方面强调了做学问要坚持不懈，早下工夫，免得“少壮不努力，老大徒伤悲”，将来一事无成，后悔莫及。另一方面，特别强调了做学问的工夫要下在“哪里”，这也是做学问的诀窍，那就是不能满足于字面上的明白，而要躬行实践，在实践中加深理解。

Reading in the Winter Night to Teach Ziyu

LU You

The ancients always make every effort in learning.
Working hard when one is young,
And one would be successful when getting old.
It is not enough to get knowledge from books only.
In order to thoroughly understand the knowledge,
Ones should practice by oneself.[①]

① 周嘉淇译

guān shū yǒu gǎn
观书有感

zhū xī sòng
朱熹（宋）

bàn mǔ fāng táng yí jiàn kāi
半亩方塘一鉴开，
tiān guāng yún yǐng gòng pái huái
天光云影共徘徊。
wèn qú nǎ dé qīng rú xǔ
问渠哪得清如许，
wéi yǒu yuán tóu huó shuǐ lái
为有源头活水来。

作品简介

这是一首借景喻理的名诗。诗的寓意很深，以源头活水形象地比喻丰富的书法艺术灵感才是书法艺术作品真正的不竭源泉，阐明了作者独特的读书感受，很符合书法艺术创作的特色，也反映了一般艺术创作的本质。

Sense on Reading

ZHU Xi

There lies a glassy oblong pool,
Where light and shade pursue their course.
How could it be so clear and cool?
For fresh water comes from the source.[①]

① 翻译参考许渊冲英译朱熹《观书有感》
http://blog.sina.com.cn/s/blog_1534238f70102wb9b.html

míng rì gē
明日歌

wén jiā míng
文嘉（明）

míng rì fù míng rì
明日复明日，

míng rì hé qí duō
明日何其多？

wǒ shēng dài míng rì
我生待明日，

wàn shì chéng cuō tuó
万事成蹉跎。

shì rén kǔ bèi míng rì lèi
世人苦被明日累，

chūn qù qiū lái lǎo jiāng zhì
春去秋来老将至。

zhāo kàn shuǐ dōng liú
朝看水东流，

mù kàn rì xī zhuì
暮看日西坠。

bǎi nián míng rì néng jǐ hé
百年明日能几何？

qǐng jūn tīng wǒ míng rì gē
请君听我明日歌。

作品简介

这首诗七次提到“明日”，反复告诫人们要珍惜时间，今日的事情今日做，不要拖到明天，不要蹉跎岁月。这首《明日歌》给人的启示是：世界上的许多东西都能尽力争取和失而复得，只有时间难以挽留。人的生命只有一次，时间永不回头。

Song of Tomorrow

WEN Jia

Tomorrow comes and again comes tomorrow,
Tomorrows are like rivers that endlessly flow.
If all my things are put off till tomorrow,
My time wasted to no purpose will brew woe.
All mortals are tired for the sake of tomorrow,
The passage of time will make them old before they know.
In the morning they see water eastward running,
At dusky they see the sun in the west low hanging.
How many tomorrows are in your lifetime, do you know?
Please listen to me sing the Song of Tomorrow.①

---

① 翻译参考“恒星英语学习网”
http://www.hxen.com/englishstudy/poem/2010-12-21/130757.html

dì sān shí èr kè huì xué[1]
第三十二课 诲学

ōu yáng xiū
欧阳修

yù bù zhuó[2] bù chéng qì[3] rén bù xué bù zhī dào rán yù zhī wéi
玉不琢，不成器；人不学，不知道。然玉之为
wù yǒu bù biàn zhī cháng dé[4] suī bù zhuó yǐ wéi qì ér yóu bú hài wéi yù
物，有不变之常德，虽不琢以为器，而犹不害为玉
yě rén zhī xìng yīn wù[5] zé qiān bù xué zé shě jūn zǐ ér wéi xiǎo rén
也。人之性，因物则迁，不学，则舍君子而为小人，
kě bú niàn zāi
可不念哉？

【注释】

[1] 诲学：有说教、学习的意思。
[2] 琢：雕刻。
[3] 器：大器，有用的东西。
[4] 常德：指固有的特点、本性。德：品行，这里借指特性。
[5] 因物：受外界事物影响

实践探索

(1)你有没有听过“凿壁偷光”“头悬梁，锥刺股”的故事呢？如果有，请和你的朋友交流讨论。

(2)分享你难忘的学习经历，并说说你的学习感悟。

Lesson 32　Instruction of Teaching

OU Yangxiu

Without carving, jade would not become exquisite artifacts; without learning, man would not acquire knowledge and skills to search the truth. As a matter of fact, jade has the everlasting and eternal good qualities and characteristics, so no processing would not prevent it from being a jade. The nature of man, however, is easy to be influenced by outside environments and things. Without learning, man would turn from a noble moral gentlemen into a villain. It does not deserve our reflection?①

① 黄璐译

dì sān shí sān kè　xué bù kě yǐ yǐ

第三十三课　学不可以已[1]

xún zǐ

荀子

jūn zǐ yuē　xué bù kě yǐ yǐ[2]
君子曰：学不可以已。

qīng　qǔ zhī yú lán[3]　ér qīng yú lán　bīng　shuǐ wéi zhī　ér hán yú
青，取之于蓝，而青于蓝；冰，水为之，而寒于
shuǐ　mù zhí zhòng[4] shéng　róu[5] yǐ wéi lún　qí qǔ zhòng guī　suī yòu gǎo
水。木直中绳，輮以为轮，其曲中规，虽有槁
pù[6]　bú fù tǐng zhě　róu shǐ zhī rán yě　gù mù shòu shéng[7] zé zhí　jīn[8]
暴，不复挺者，輮使之然也。故木受绳则直，金
jiù　lì[9] zé lì　jūn zǐ bó xué ér rì cān xǐng hū jǐ[10]　zé zhì[11] míng ér
就砺则利，君子博学而日参省乎己，则知明而
xíng wú guò yǐ
行无过矣。

……

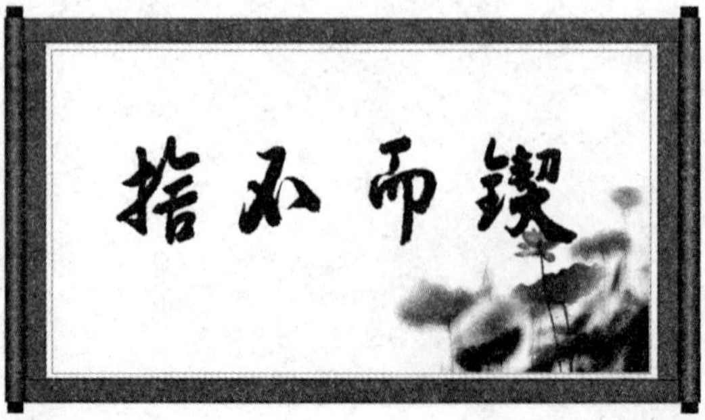

qiè ér shě zhī　xiǔ mù bù zhé　qiè ér bù shě　jīn shí kě lòu　yǐn wú zhǎo
锲而舍之，朽木不折；锲而不舍，金石可镂。蚓无爪

yá zhī lì　jīn gǔ zhī qiáng　shàng shí āi tǔ　xià yǐn huáng quán　yòng xīn yī
牙之利，筋骨之强，上食埃土，下饮黄泉，用心一

yě　xiè liù guì[12] ér èr áo[13]　fēi shé shàn zhī xué wú kě jì tuō zhě　yòng
也。蟹六跪而二螯，非蛇鳝之穴无可寄托者，用

xīn zào yě
心躁也。

【注释】

[1] 选自《荀子·劝学》。

[2] 已(yǐ)：停止。

[3] 青、蓝：青，靛(diàn)青，一种染料。蓝，蓼(liǎo)蓝，一年生草本植物，茎红紫色，叶子长椭(tuǒ)圆形，干时暗蓝色。花淡红色，穗(suì)状花序，结瘦果，黑褐色。叶子含蓝汁，可以做蓝色染料。

[4] 中(zhòng)绳：(木材)合乎拉直的墨线。

[5] 輮(róu)：通“煣”，用火烤使木条弯曲(的一种工艺)。

[6] 虽有(yòu)槁暴(pù)：即使又晒干了。

[7] 受绳：用墨线量过。

[8] 金：指金属制的刀剑等。

[9] 就砺：拿到磨刀石上去磨。砺，磨刀石。

[10] 参(cān)省(xǐng)乎己：对自己检查、省察。

[11] 知(zhì)：通“智”，智慧。

[12] 六跪：六条腿，蟹实际上是八条腿。

[13] 螯(áo)：螃蟹的大钳(qián)子。

作品简介

荀子是中国古代伟大的教育家之一。《劝学》是荀子的代表作品，也是《荀子》一书开宗明义的第一篇。全文共由两大部分组成：前一部分，论述学习的重要性；后一部分，论述学习的步骤、内容、途径等有关问题；而以“学不可以已”作为贯穿全文的中心思想。

Lesson 33 Learning Should Not Be Stopped

Hsun-Tzu

The gentleman says: "Learning should not be stopped."

Indigo comes out of bluegrass but more blue than the latter, ice out of water but more cold than water. After steaming, a piece of wood straight as a plumbeline can be made pliable enough to bend into the shape of a wheel rim, so its curvature will conform to the compass. However, even it is then dried out completely in the sun, it will not return to its former straightness. The reason is that the process of streaming has effected this change in it. So, too, wood that has been marked with the plumbline will be straight and metal that has been put to the whetstone will be sharp. In broadening his learning, the gentleman examines himself every day so that his awareness will be discerning and his actions without excess.

……

If you start carving and then give it up, you cannot even cut through a piece of rotten wood; but if you persist without stopping, you can carve and inlay metal or stone. Earthworms thave no sharp claws and teeth or strong bones and muscles, but it can eat up to the earth and drink down to the springs. This is because they keep their minds on one thing. Crabs have six legs and two pincers, but unless they can find an empty hole dug by a snake or a water serpent, they have no place to lodge. This is because they allow their minds to go off in all directions.[①]

---

① 梁静雅译

dì sān shí sì kè　jìn xué jiě xuǎn duàn
第三十四课　进学解(选段)

hán yù
韩愈

guó zǐ xiān shēng[1] chén rù tài xué[2] zhāo
国子先生晨入太学，招

zhū shēng lì guǎn xià huì zhī yuē yè jīng yú
诸生立馆下，诲之曰："业精于

qín huāng yú xī xíng chéng yú sī huǐ yú suí
勤，荒于嬉；行成于思，毁于随。

fāng jīn shèng xián xiāng féng zhì jù[3] bì
方今圣贤相逢，治具毕

zhāng[4] bá qù xiōng xié dēng chóng jùn[5] liáng
张。拔去凶邪，登崇畯良。

zhàn xiǎo shàn zhě lǜ[6] yǐ lù míng yí yì zhě wú bù yōng[7] pá luó tī
占小善者率以录，名一艺者无不庸。爬罗剔

jué[8] guā gòu mó guāng gài yǒu xìng ér huò xuǎn shú yún duō ér bù yáng
抉，刮垢磨光。盖有幸而获选，孰云多而不扬？

zhū shēng yè huàn bù néng jīng wú huàn yǒu sī[9] zhī bù míng xíng huàn bù
诸生业患不能精，无患有司之不明；行患不

néng chéng wú huàn yǒu sī zhī bù gōng
能成，无患有司之不公。"

【注释】

[1] 国子先生：韩愈自称，当时他任国子博士。

[2] 太学：这里指国子监。唐朝国子监相当于汉朝的太学，古时对官署（shǔ）的称呼常有沿用前代旧称的习惯。

[3] 治具：治理的工具，主要指法令。

[4] 张：指建立、确立。

[5] 畯（jùn）：通“俊”，指才智出众。

[6] 率：都。

[7] 庸（yōng）：通“用”，采用，录用。

[8] 爬罗剔抉（pá luó tī jué）：成语，指广泛地搜罗，精细地选择。爬罗：搜集；剔抉：筛选。

[9] 有司：负有专责的部门及其官吏。

Lesson 34　Explanation Upon Entering the Academy (Excerpt)

HAN Yu

The Teacher of the Sons of the Country entered the Supreme Academy in the morning, called the students to his seat, and admonished them: "Study excels with diligence and becomes neglected with play; conduct succeeds with thinking and is destroyed by following. Today the saintly (i.e. a saintly emperor - trans.) and the virtuous (i.e. virtuous ministers - trans.) are met, and the apparatus of government is expanding fully. The wicked are rooted out, and the good ascend to honor. Those with a small expertise are inducted into the registry; those with a single skill do not go unused. The net is combed and picked over; dirt is scraped away and things are polished to shine. There are those who get chosen because of luck; there are not those who have much but are not raised up. Students, worry that your studies won't excel; don't worry that those in charge may be muddle-headed. Worry that your conduct will not attain high standards; don't worry that those in charge may be unjust."①

---

① 翻译参考"才德网"北美华人冯欣明英语译《进学解》
http://tsoidug.org/Literary/Academy_Simp.pdf

dì sān shí wǔ kè shī kuàng lùn xué
第三十五课 师旷论学

liú xiàng
刘向

jìn píng gōng[1] wèn yú shī kuàng[2] yuē wú nián qī shí yù xué kǒng yǐ mù yǐ
晋平公问于师旷曰："吾年七十，欲学，恐已暮矣。"

shī kuàng yuē hé bù bǐng zhú[3] hū
师旷曰："何不炳烛乎？"

píng gōng yuē ān yǒu wéi rén chén ér xì qí jūn hū
平公曰："安有为人臣而戏其君乎？"

shī kuàng yuē máng chén ān gǎn xì qí jūn chén wén zhī shào ér hào xué rú rì chū zhī yáng[4] zhuàng ér hào xué rú rì zhōng zhī guāng[5] lǎo ér hào xué rú bǐng zhú zhī míng shú yǔ mèi xíng[6] hū
师旷曰："盲臣安敢戏其君？臣闻之：少而好学，如日出之阳；壮而好学，如日中之光；老而好学，如炳烛之明，孰与昧行乎？"

píng gōng yuē shàn zāi
平公曰："善哉！"

【注释】

[1] 晋(jìn)平公：春秋时期晋国国君。

[2] 师旷(kuàng)：字子野，春秋时期晋国乐师。他双目失明，仍热爱学习，对音乐有极高的造诣。

[3] 炳(bǐng)烛：点烛，当时的烛，只是火把，还不是后来的烛。

[4] 日出之阳：初升的太阳，早晨的太阳。

[5] 日中之光：正午(强烈)的太阳光。

[6] 昧(mèi)行：在黑暗中行走。昧，黑暗。

Lesson 35　Kuang Talked About Learning

LIU Xiang

Monarch JinPing said to Kuang："I want to learn, but I am seventy years old. I am afraid it is too late to learn."

Kuang replied："Since it is late for you, why not put the candle lights?"

Monarch JinPing said："How can a minister cheat the monarch?"

Kuang said："How can a minister as blind as me deceive my monarch? I have heard that a teenager loving learning is just like the rising sun, a middle-aged man loving learning like the sunlight of noon and an old man loving learning like the light of a candle. Is not walking with a candle a better choice when compared with walking in darkness?"

Monarch Jinping said,"So it is!"①

① 王少辉译

gǔ lián pǐn qù
古联品趣

对联是中国的一种文学艺术。按艺术特点分则可分为回文联、叠字联、顶针联等。其中，回文联既可顺读，也可倒读，不仅它的意思不变，而且颇具趣味。

【回文联】

wù suǒ shān tóu shān suǒ wù
雾锁山头山锁雾

tiān lián shuǐ wěi shuǐ lián tiān
天连水尾水连天

Fog lock hilland so it is in the case of mountain and fog.

Sky stretches to the end of sea and sea disappears in the end of sky.

xiāng shān bì yún sì yún bì shān xiāng
香山碧云寺云碧山香

huáng shān luò yè sōng yè luò shān huáng
黄山落叶松叶落山黄

Green cloud Temple locates on fragrant mountain full of trees.

The leaves of the pines fall on the Huang mountain.

jìng quán shān shàng shān quán jìng
静泉山上山泉静

qīng shuǐ táng lǐ táng shuǐ qīng
清水塘里塘水清

The fountain is quiet on the silent mountain with springs.

The water is very clear in the pound full of limpid water.

第七单元　修身名篇

Unit 7　Cultivate One's Moral Character

中华民族自古讲求修身之道。汉代哲学家王修认为：志向高远的人，能够不断地磨炼自己，以成就大业；没有节操的人，懈怠轻忽，只能成为平庸之辈。老子的《道德经》中也讲了许多道德修身的问题，他说："含德之厚者，比于赤子。"意思是说，德性浑厚高尚的人，好比初生婴儿一样纯洁。古人把修身当作一个艰苦的不断积累的过程，认为只要经过"苦其心志，劳其筋骨，饿其体肤，空乏其身，行拂乱其所为"的磨练，就能够"积善成德，神明自得，圣心备焉"。再有，儒家的"达则兼济天下，穷则独善其身"更指明了个人的修养不仅是处世的条件，而且是成就事业的根本。时代发展到今天，注重修身显得尤为重要。

dì sān shí liù kè xiū shēn shī cí

第三十六课 修身诗词

Lesson 36 Poems of Cultivating One's Moral Character

jú huā

菊花

yuán zhěn táng

元稹（唐）

qiū cóng rào shè sì táo jiā

秋丛绕舍似陶家，

biàn rào lí biān rì jiàn xiá

遍绕篱边日渐斜。

bú shì huā zhōng piān ài jú

不是花中偏爱菊，

cǐ huā kāi jìn gèng wú huā

此花开尽更无花。

Chrysanthemums

YUAN Zhen

Flowering shrubs all around as if at Tao's home,
They cluster at the fences in the declining sun.
No other reason for my special love of chrysanthemum
Than that all the other flowers have now been done.①

① 翻译参考陈君朴英译元稹《菊花》http://blog.sina.com.cn/s/blog_a795440b0101n59j.html

bǔ suàn zǐ yǒng méi
卜算子·咏梅

lù yóu sòng
陆游（宋）

yì wài duàn qiáo biān
驿外断桥边，
jì mò kāi wú zhǔ
寂寞开无主。
yǐ shì huáng hūn dú zì chóu
已是黄昏独自愁，
gèng zhuó fēng hé yǔ
更著风和雨。
wú yì kǔ zhēng chūn
无意苦争春，
yí rèn qún fāng dù
一任群芳妒。
líng luò chéng ní niǎn zuò chén
零落成泥碾作尘，
zhǐ yǒu xiāng rú gù
只有香如故。

Song of Divination
Ode to the Mume Blossom

LU You

Beside the broken bridge and outside the post-hall,
A flower is blooming forlorn.
Saddened by her solitude at night-fall,
By wind and rain she's further torn.
Let other flowers their envy pour.
To Spring she lays no claim.
Fallen in mud and ground to dust, she seems no more,
But her fragrance is still the same.①

① 许渊冲选译,《唐宋词一百首》,中国对外翻译出版公司,2007 年,第 241 页

shān pō yáng[1]　tàn shì

山坡羊·叹世

chén cǎo ān　yuán

陈草庵（元）

chén jī chū jiào
晨鸡初叫，

hūn yā zhēng zào
昏鸦争噪，

nǎ gè bú qù hóng chén nào[2]
那个不去红尘闹。

lù yáo yáo
路遥遥，

shuǐ tiáo tiáo
水迢迢，

gōng míng jìn zài cháng ān dào
功名尽在长安道。

jīn rì shào nián míng rì lǎo
今日少年明日老。

shān yī jiù hǎo
山，依旧好；

rén qiáo cuì liǎo
人，憔悴了！

【注释】

［1］山坡羊：曲调名，又称“山坡里羊”。

［2］“那个”句：人人都在追名逐利。

Sheep on the Slope
O World

CHEN Cao'an

At dawn cock crows;
At dusk caw crows.
Who to vanity fair is not eager to go?
Long long the way;
Far far the stream.
Only in the capital can you fullfil your dream.
Tomorrow old will grow the youth of today.
The hills are as green as before,
But the prime of youth is no more.①

① 许渊冲译，《元曲三百首》，中国对外翻译出版公司，2009 年，第 35 页

shí huī yín[1]
石灰吟

yú qiān míng
于谦（明）

qiān chuí wàn záo[2] chū shēn shān
千锤万凿出深山，

liè huǒ fén shāo ruò děng xián[3]
烈火焚烧若等闲。

fěn gǔ suì shēn hún bú pà
粉骨碎身浑不怕，

yào liú qīng bái[4] zài rén jiān
要留清白在人间。

【注释】

[1] 石灰吟：石灰的赞歌。吟，古代一种诗歌体裁。

[2] 千锤(chuí)万凿(záo)：指反复地捶打敲击。

[3] 若等闲：好像平常事一样。

[4] 清白：指高尚节操。

Song of the Lime

YU Qian

You come out of deep mountains after hammer blows;
Under fire and water tortures you are not in woes.
Though broken into pieces, you will have no fright;
You will purify the world by washing it ever white.[①]

① 许渊冲译,《元明清诗》,中国对外翻译出版公司,2009年,第139页

zhú shí[1]

竹石

zhèng xiè　qīng

郑　燮　（清）

yǎo dìng[2] qīng shān bú fàng sōng

咬　定　青　山　不　放　松，

lì gēn yuán zài pò yán zhōng

立　根　原　在　破　岩　中。

qiān mó wàn jī hái jiān jìn[3]

千　磨　万　击　还　坚　劲，

rèn ěr[4] dōng xī nán běi fēng

任　尔　东　西　南　北　风。

【注释】

[1] 竹石：这是一首题画诗。

[2] 咬定：比喻扎根得结实，像咬着不松口一样。

[3] 坚劲：坚定强劲。

[4] 尔：你。

Bamboo in the Rock

ZHENG Xie

Upright stands the bamboo amid green mountains steep,
Its toothlike root in broken rock is planted deep.
It is strong and firm though struck and beaten without rest,
Careless of the wind from north or south; east or west.①

① 许渊冲译《元明清诗》，中国对外翻译出版公司，2009 年，第 295 页

dì sān shí qī kè lòu shì[1] míng

第三十七课 陋室 铭

liú yǔ xī táng

刘禹锡（唐）

shān bú zài gāo yǒu xiān zé míng shuǐ bú zài shēn yǒu lóng zé líng
山不在高，有仙则名。水不在深，有龙则灵。
sī shì lòu shì wéi wú dé xīn[2] tái hén shàng jiē lǜ cǎo sè rù lián qīng
斯是陋室，惟吾德馨。苔痕上阶绿，草色入帘青。
tán xiào yǒu hóng rú[3] wǎng lái wú bái dīng[4] kě yǐ tiáo sù qín[5] yuè jīn
谈笑有鸿儒，往来无白丁。可以调素琴，阅金
jīng[6] wú sī zhú[7] zhī luàn ěr wú àn dú[8] zhī láo xíng nán yáng zhū gě
经。无丝竹之乱耳，无案牍之劳形。南阳诸葛
lú xī shǔ zǐ yún tíng kǒng zǐ yún hé lòu zhī yǒu
庐，西蜀子云亭。孔子云：“何陋之有？”

【注释】

[1] 陋(lòu)室：简陋的屋子。

[2] 德馨(xīn)：品德高尚。

[3] 鸿儒(hóng rú)：即大学问家，这里指博学而又品德高尚的人。

[4] 白丁：平民，这里指没有什么学问的人。

[5] 调素琴：弹奏不加装饰的琴。

[6] 金经：指用泥金书写的佛经。即《金刚经》。

[7] 丝竹：这里指音乐。

[8] 案牍(dú)：官府的公文。

Lesson 37 Inscription — The Crude House

LIU Yuxi

It matters not the height; if an immortal resides in a mountain it becomes famous. It matters not the depth; if a dragon lives in a body of water it becomes magical. This is a crude house; only I appreciate its fragrance. Moss ascends the steps, turning them green, and the grass' color enters the blinds, turning them light green. In talk and laughter there are scholars with profound knowledge, and among those coming and going there are no illiterate men. One can play the lute and read the golden scriptures. There is no string or wind instruments to confuse the ear, and no desk paper work to strain the body. It is Zhu Ge's thatched house in Nanyang; it is Zi Yun's gazebo in West Shu. Confucius says, "What crudeness is there?"①

① 翻译参考"才德网"北美华人冯欣明英语译《陋室铭》
http://tsoidug.org/Literary/Crude_House_Simp.pdf

dì sān shí bā kè shēng yú yōu huàn sǐ yú ān lè[1]

第三十八课　生于忧患，死于安乐

mèng zǐ

孟子

gù tiān jiāng jiàng dà rèn yú sī rén yě bì xiān kǔ qí xīn zhì láo qí jīn gǔ è qí tǐ fū kōng fá qí shēn xíng fú luàn qí suǒ wéi suǒ yǐ dòng xīn rěn xìng zēng yì qí suǒ bù néng[2]

故天将降大任于斯人也，必先苦其心志，劳其筋骨，饿其体肤，空乏其身，行拂乱其所为，所以动心忍性，曾益其所不能[2]。

rén héng guò rán hòu néng gǎi kùn yú xīn[3] héng yú lǜ[4] ér hòu zuò zhēng yú sè[5] fā yú shēng[6] ér hòu yù[7] rù zé wú fǎ jiā[8] bì shì[9] chū zé wú dí guó wài huàn zhě guó héng wáng

人恒过，然后能改；困于心[3]，衡于虑[4]，而后作；征于色[5]，发于声[6]，而后喻[7]。入则无法家[8]拂士[9]，出则无敌国外患者，国恒亡。

rán hòu zhī shēng yú yōu huàn[10] ér sǐ yú ān lè[11] yě

然后知生于忧患[10]，而死于安乐[11]也。

【注释】

[1] 选自《孟子·告子下》。

［2］曾（zēng）益其所不能：增加他所不能做的，使他增长才干。曾，通“增”，增加。

［3］困于心：内心困扰。

［4］衡（héng）于虑：思虑堵塞。衡，通“横”，梗（gěng）塞（sè），指不顺。

［5］征（zhēng）于色：面色上有征验，意为面容憔悴。

［6］发于声：言语上有抒发，意为言语愤激。

［7］而后喻：然后人们才了解他。

［8］法家：有法度的世臣。

［9］拂（bì）士：辅佐君主的贤士。拂，通“弼（bì）”，辅佐。

［10］生于忧患：忧患使人生存发展。

［11］死于安乐：享受安乐使人萎（wěi）靡（mǐ）死亡。

Lesson 38　Life Spring from Sorrow and Calamity

MENG Zi

So if God would give an important task to a certain person, the first thing he does is to temper the will power, fatigue the muscles and bones, starve the stomach and make him poor. God would not make any kind of his action satisfactory as he wishes in order to shock his heart, make his temperament persistent and dauntless, and increase his ability.

If one makes a lot of mistakes, he can recognize this and then correct them. One can gain achievement only after he experience the agony in his hear and blocking of his mind. He can be understood by others through face expression and words. One country would come into destruction if it does not have good ministers inside the country insisting laws and helping monarch on the one hand and on the other hand it does not have to face enemy and hardship outside the country.

So it is clear that one can survive in the difficulties and hardship and can die indulging in soft living.①

---

① 王少辉译

gǔ lián pǐn qù
古联品趣

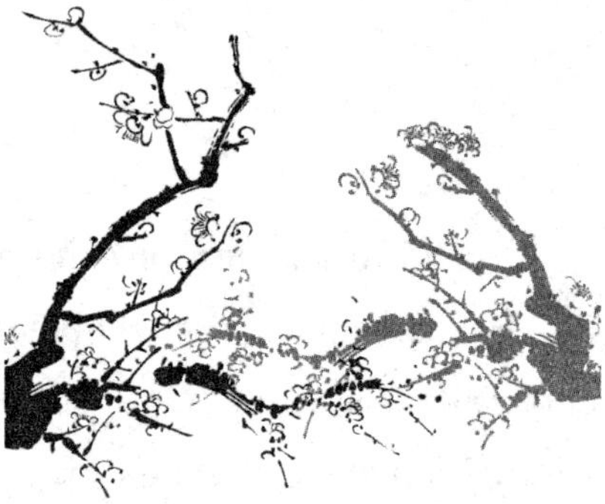

对联是中国的一种文学艺术。按艺术特点分则可分为回文联、叠字联、顶针联等。在对联中分别有一个或数个同样的字相继重叠出现的，为叠字联。

【叠字联】

fó jiǎo qīng quán piāo piāo piāo piāo piāo xià liǎng tiáo yù dài
佛 脚 清 泉 飘 ，飘 飘 飘 ，飘 下 两 条 玉 带 。

yuán tóu huó shuǐ mào mào mào mào mào chū yí chuàn zhēn zhū
源 头 活 水 冒 ，冒 冒 冒 ，冒 出 一 串 珍 珠 。

Clear spring flows under the Buddha and forms two jade belt.

Running water flows and forms a string of pearls.

fēng zhú lǜ zhú fēng fān lǜ zhú zhú fān fēng
风 竹 绿 竹 ，风 翻 绿 竹 竹 翻 风 。

xuě lǐ bái méi xuě yìng bái méi méi yìng xuě
雪 里 白 梅 ，雪 映 白 梅 梅 映 雪 。

Bamboo in the wind plays with the wind.

White plum in the snow shines against snow.

fēng shàn shān fēng fēng chū shàn shàn dòng fēng shēng
风 扇 扇 风 ，风 出 扇 ，扇 动 风 生 。

shuǐ chē chē shuǐ shuǐ suí chē chē tíng shuǐ zhǐ
水 车 车 水 ，水 随 车 ，车 停 水 止 。

Fan with a fan and the fan produces wind.

A water vehicle stretches water and water disappears when vehicle stops.

第八单元　忠孝名篇

Unit 8　Loyalty and Filial Piety

“孝”是孝顺，孝顺父母，这是为人子女的本分，是报答父母的养育之恩。广泛意义上说，也可以是对国家的尽忠，这是“大孝”。“忠”，表现为忠与义、忠与勇、忠与智等“履忠之道”，再到忠臣、忠仆、忠友、忠爱等“尽忠之行”。古人讲忠孝，为人臣者要忠，为人子者要孝，受忠于君国，孝顺于父母。今天我们讲忠孝，应当热爱祖国、热爱人民，要尊重长辈，孝顺父母。

dì sān shí jiǔ kè zhōng xiào shī cí

第三十九课 忠孝诗词

Lesson 39 Poems of Loyalty and Filial Piety

chūn wàng

春望

dù fǔ táng

杜甫（唐）

guó pò shān hé zài, chéng chūn cǎo mù shēn

国破山河在，城春草木深。

gǎn shí huā jiàn lèi, hèn bié niǎo jīng xīn

感时花溅泪，恨别鸟惊心。

fēng huǒ lián sān yuè, jiā shū dǐ wàn jīn

烽火连三月，家书抵万金。

bái tóu sāo gèng duǎn, hún yù bú shèng zān

白头搔更短，浑欲不胜簪。

作品简介

《春望》是唐朝诗人杜甫的一首五言律诗。这首诗的前四句写春日长安凄惨破败的景象，饱含着兴衰感慨；后四句写诗人挂念亲人、心系国事的情怀，充溢着凄苦哀思。

Spring Perspective

DU Fu

The nation has fallen, the land endures.
Spring trees and grasses flourish in the town.
Troubled by the times—flowers bring tears;
Dreading parting—birds startle the soul.
With turmoil of battle three months on end,
A letter from home is worth a fortune in gold.
Scratching these white locks makes them even thinner;
As it is, they can barely hold a pin.①

① 张廷琛，魏博思选译，《唐诗一百首》，中国对外翻译出版公司，2007 年，第 93 页

shì ér
示儿

lù yóu sòng
陆游 （宋）

sǐ qù yuán zhī wàn shì kōng
死去元知万事空，
dàn bēi bú jiàn jiǔ zhōu tóng
但悲不见九州同。
wáng shī běi dìng zhōng yuán rì
王师北定中原日，
jiā jì wú wàng gào nǎi wēng
家祭无忘告乃翁。

作品简介

《示儿》是南宋著名文学家陆游的作品。本诗语言不假雕饰，直抒胸臆。表达的是诗人一生的心愿，倾注的是诗人满腔的悲慨。

To His Son

LU You

I know that all will be gone after my death,
But I am painful to see my country invaded.
When our army take back all the lost land,
Do not forget to tell me about it at sacrifies![①]

① 翻译参考曾冲明英译陆游《示儿》
http://blog.sina.com.cn/s/blog_1534238f70102wqpi.html

guò líng dīng yáng
过零丁洋

wén tiān xiáng sòng
文天祥（宋）

xīn kǔ zāo féng qǐ yì jīng
辛苦遭逢起一经，
gān gē liáo luò sì zhōu xīng
干戈寥落四周星。
shān hé pò suì fēng piāo xù
山河破碎风飘絮，
shēn shì fú chén yǔ dǎ píng
身世浮沉雨打萍。
huáng kǒng tān tóu shuō huáng kǒng
惶恐滩头说惶恐，
líng dīng yáng lǐ tàn líng dīng
零丁洋里叹零丁。
rén shēng zì gǔ shuí wú sǐ
人生自古谁无死？
liú qǔ dān xīn zhào hàn qīng
留取丹心照汗青。

Sailing on Lonely Ocean

WEN Tianxiang

Delving in the Book of Change,
I rose through hardship great,
And desperately fought the foe for four long years.
Like willow down the war-town land looks desolate,
I sink or swim as duckweed in the rain appears.
For the perils on Perilous Beach I have sighs,
On Lonely Ocean now I feel dreary and lonely.
Since olden days there is never been a man but dies,
I'd leave a loyalist's name in history only.①

① 翻译参考"英语网"许渊冲古诗词英译
http://www.i21st.cn/translate/contributions/6030/

pú sà mán shū jiāng xī zào kǒu[1] bì
菩萨蛮·书江西造口壁

xīn qì jí sòng
辛弃疾（宋）

yù gū tái[2] xià qīng jiāng[3] shuǐ
郁孤台下清江水，
zhōng jiān duō shǎo xíng rén lèi xī běi
中间多少行人泪？西北
wàng cháng ān[4] kě lián[5] wú shù
望长安，可怜无数
shān[6]
山。

qīng shān zhē bú zhù bì jìng dōng liú qù jiāng wǎn zhèng chóu yú[7]
青山遮不住，毕竟东流去。江晚正愁余，
shān shēn wén zhè gū[8]
山深闻鹧鸪。

作品简介

公元1176年（宋孝宗淳熙三年），宋代著名词人辛弃疾任江西提点刑狱驻节赣江途经造口时作下这首词。此词写作者登郁孤台（今江西省赣州市城区西北部贺兰山顶）远望，“借水怨山”，抒发国家兴亡的感慨。上片（上阕）由眼前景物引出历史回忆，抒发家国沦亡之创痛和收复无望的悲愤；下片（下阕）借景生情，抒愁苦与不满之情。

【注释】

［1］造口：即皂（zào）口，镇名。在今江西省万安县西南60里处。

［2］郁孤台：古台名，在今江西赣（gàn）州市城区西北部的贺兰山上，因“隆阜（fù）郁然，孤起平地数丈”而得名。

［3］清江：赣江与袁江合流处，旧称清江。

［4］长安：今陕西省西安市；为汉唐故都。这里指沦于敌手的宋国都城。

［5］可怜：可惜。

［6］无数山：这里指投降派（也可理解为北方沦陷国土）。

［7］愁余：使我感到忧愁。

［8］鹧鸪（zhè gū）：鸟名，传说它的叫声像“行不得也哥哥”，啼声凄苦。

实践探索

（1）“江晚正愁余，山深闻鹧鸪”一句表达了词人怎么样的心情？

（2）作为宋词创作中取得最高成就的作家，辛弃疾被称为“词中之龙”；而他的词，也被评价为“龙腾虎掷”。让我们齐声诵读，再一起体会词人极深沉的爱国情思。

Buddhist Dancers
Written on the Wall at Zaokou, Jiangxi

XIN Qiji

Below the Gloomy Terrace flow two rivers clear,
The tears of refugees were shed when they were here!
I gaze afar on land long lost in the northwest,
Alas! I see but hill on hill and crest on crest.
But blue hills can not stop water flowing,
Eastward the river keeps on going.
At dusk the river grieves me still,
The partridges call in the hill.①

① 许渊冲选译,《唐宋词100首》, 中国对外翻译出版公司, 2007年, 第253页

jǐ hài zá shī qí wǔ
己亥杂诗(其五)

gōng zì zhēn qīng
龚自珍（清）

hào dàng lí chóu bái rì xiá
浩荡离愁白日斜，
yín biān dōng zhǐ jí tiān yá
吟鞭东指即天涯。
luò hóng bú shì wú qíng wù
落红不是无情物，
huà zuò chūn ní gèng hù huā
化作春泥更护花。

Miscellanies of the Year 1839 (V)

GONG Zizhen

My parting grief is boundless when the sun sinks low;
Eastward I point my whip and far away I will go.
The fallen blossoms are not an unfeeling thing;
Though turned to mud, they'd nurture flowers' growth next spring.[①]

---

① 许渊冲译，《元明清诗》，中国对外翻译出版公司，2009年，第339页

dì sì shí kè dà xiào zūn qīn
第四十课 大孝尊亲[1]

zēng zǐ yuē xiào yǒu sān dà xiào zūn qīn qí cì fú rǔ qí xià néng yǎng
曾子曰："孝有三：大孝尊亲，其次弗辱，其下能养。"

gōng míng yí wèn yú zēng zǐ yuē fū zǐ kě yǐ wéi xiào hū
公明仪问于曾子曰："夫子可以为孝乎？"

zēng zǐ yuē shì hé yán yǔ shì hé yán yǔ jūn zǐ zhī suǒ wéi xiào zhě xiān yì chéng zhì yù fù mǔ yú dào cān zhí yǎng zhě yě ān néng wéi xiào hū
曾子曰："是何言与？是何言与？君子之所为孝者，先意承志，谕父母于道。参直养者也，安能为孝乎？"

① 选自《礼记》。

Lesson 40　Respecting Parents Is the First

Zeng Zi said ："There are three filial pieties . First of all ，it is to respect your parents. The second one is not to make your own words and deeds to bring shame to your parents. Last but not least，you should support your parents."

The student called Gong Mingyi asked："Teacher，you can do the filial piety，right?"

Zeng Zi replied："How can you said that words! How can you! A gentleman with filial piety will do what their parents want to do before they tell them. And they can make their parents rest assured that actions are legitimate. I only can support my parents，how can we say the word of filial piety?" ①

① 周嘉淇译

dì sì shí yī kè xiào wéi gēn běn[1]
第四十一课 孝为根本

yǒu zǐ[2] yuē qí wéi rén yě xiào tì[3] ér
有子曰:"其为人也孝弟,而

hào fàn shàng zhě xiǎn yǐ bú hào fàn shàng ér
好犯上者,鲜矣;不好犯上,而

hào zuò luàn zhě wèi zhī yǒu yě jūn zǐ wù
好作乱者,未之有也。君子务

běn[4] běn lì ér dào shēng xiào tì yě zhě
本,本立而道生。孝弟也者,

qí wéi rén zhī běn yú
其为仁之本与!"

【注释】

[1] 选自《论语》。

[2] 有子:孔子的学生,姓有,名若,比孔子小 13 岁,一说小 33 岁。后一说较为可信。

[3] 孝弟(tì):亦作"孝悌"。孝、弟是孔子和儒家特别提倡的两个基本道德规范。

[4] 务本:致力于根本。

Lesson 41　The Foundation of Humanity

Youzi said, " There is hardly anyone who is filial to his parents and respectful to his elder brothers but offends his superiors. There is never anyone who is not inclined to offend his superiors but is inclined to rebel. The gentleman directs his efforts to the foundation of things, because only when the foundation is established can the Way emerge. Filial piety and brotherly love are, perhaps, the foundation of humanity."①

① 丁往道 选编、英译,《孔子语录》, 中国对外翻译出版公司, 2007 年, 第 52 页

èr shí sì jié qì gē

二十四节气歌

节气指二十四时节和气候，是中国古代订立的一种用来指导农事的补充历法，是汉族劳动人民长期经验的积累和智慧的结晶。

chūn yǔ jīng chūn qīng gǔ tiān
春雨惊春清谷天，
xià mǎn máng xià shǔ xiāng lián
夏满芒夏暑相连。
qiū chù lù qiū hán shuāng jiàng
秋处露秋寒霜降，
dōng xuě xuě dōng xiǎo dà hán
冬雪雪冬小大寒。

Spring begins.
It rains.
Insects awaken.
Vernal Equinox.
Clear and bright.
Grain rain.

Summer begins.
Grain buds.
Grain in ear.
Summer solstice.
Slight heat.
Great heat.

Autumn begins.
Stopping the heat.
White dews.
Autumn Equinox.
Cold dews.
Hoar-frost falls.

Winter begins.
Light snow.
Heavy snow.
Winter Solstice.
Slight cold.
Great cold.

——A Rhyme of the Twenty-four Solar Terms[①]

① 翻译参考学习资料共享网
http://www.87994.com/read/46d9c6900596bde22d10ec67353b5ce54330626d.html

第九单元　传统节日名篇

Unit 9　Traditional Festivals

中国的传统节日，在先秦时期大部分已经产生了，可以说，先秦时期是节日的萌芽时期。汉朝是中国传统节日风俗的定型时期。除夕、元宵、寒食、端午、七夕、重阳等主要的节日风俗都产生了，到魏晋南北朝进一步充实、发展、融合。中国的传统节日的形成过程，是一个民族或国家的历史文化长期积淀凝聚的过程，这些节日从远古走来，从这些流传至今的节日风俗里，还可以清晰地看到古代人民社会生活的精彩画面。团圆的亲情、浪漫的爱情、狂欢的喜悦、追思的深沉……中国人的各种情感都融入到了传统节日里。

dì sì shí èr kè qīng míng shī cí

第四十二课 清明诗词

Lesson 42 Poems of The Mourning Day

节日小百科

清明是我国的二十四节气之一。由于二十四节气比较客观地反映了一年四季气温、降雨、气候等方面的变化，所以古代劳动人民用它安排农事活动。但是，清明作为节日，与纯粹的节气又有所不同。

清明节，是我国民间传统节日。按农历算在三月上半月，按阳历算则在每年四月五日或六日。此时天气转暖，风和日丽，“万物至此皆洁齐而清明”，清明节由此得名。这个节日中既有祭扫新坟生别死离的悲酸泪，又有踏青游玩的欢笑声，是一个富有特色的节日。

qīng míng
清　明

dù mù　táng
杜 牧　（唐）

qīng míng shí jié yǔ fēn fēn
清　明　时　节　雨　纷　纷，

lù shàng xíng rén yù duàn hún
路　上　行　人　欲　断　魂。

jiè wèn jiǔ jiā hé chù yǒu
借　问　酒　家　何　处　有？

mù tóng yáo zhǐ xìng huā cūn
牧　童　遥　指　杏　花　村。

The Mourning Day

DU Mu

A drizzling rain falls like tears on the Mourning Day;
The mourner's heart is going to break on his way.
Where can a wineshop be found to drown his sad hours?
A cowherd points to a cot amid apricot flowers.[①]

---

① 许渊冲译，《千家诗》，中国对外翻译出版公司，2009 年，第 16 页

风俗大观园

祭祖扫墓

扫墓俗称上坟，祭祀死者的一种活动。汉族和一些少数民族大多都是在清明节扫墓。按照旧的习俗，扫墓时，人们要携带酒食果品、纸钱等物品到墓地，将食物供祭在亲人墓前，再将纸钱焚化，为坟墓培上新土，折几枝嫩绿的新枝插在坟上，然后叩头行礼祭拜，最后吃掉酒食回家。

荡秋千

秋千，意即揪着皮绳而迁移。它的历史很古老，最早叫千秋，后为了避忌讳，改为秋千。古时的秋千多用树桠（yā）枝为架，再栓（shuān）上彩带做成。后来逐步发展为用两根绳索加上踏板的秋千。荡秋千不仅可以增进健康，而且可以培养勇敢精神，至今为人们特别是儿童所喜爱。

蹴（cù）鞠（jū）

鞠是一种皮球，球皮用皮革做成，球内用毛塞紧。蹴鞠，就是用足去踢球。这是古代清明节时人们喜爱的一种游戏。相传是黄帝发明的，最初目的是用来训练武士。

hán shí
寒食

hán hóng táng
韩 翃 （唐）

chūn chéng wú chù bù fēi huā
春 城 无 处 不 飞 花，
hán shí dōng fēng yù liǔ xiá
寒 食 东 风 御 柳 斜。
rì mù hàn gōng chuán là zhú
日 暮 汉 宫 传 蜡 烛，
qīng yān sàn rù wǔ hóu jiā
轻 烟 散 入 五 侯 家。

Cold Food Day

HAN Hong

Nowhere in spring town but willow down falls from trees,
On Cold Food Day royal willows slant in east breeze.
At dusk the palace sends privileged candles red,
To the five lordly mansions where wreaths of smoke spread.[①]

① 许渊冲译，《千家诗》，中国对外翻译出版公司，2009 年，第 19 页

节日小故事

据历史记载，在两千多年以前的春秋时代，晋国公子重(chóng)耳因受到迫害，率其支持者逃亡在外，生活艰苦。19 年间，他们居无定所，处境愈加窘(jiǒng)迫，终于重耳饿得快不行了。这时，一个忠心的随从介子推不惜从自己的腿上割下一块肉献给了重耳，公子重耳得救了。公元前 636 年，重耳回到晋国，作了国君(即晋文公，春秋五霸之一)。

即位之后，晋文公对他的支持者大加封赏，却忘记了介子推。当他再次想起这位忠臣时，心灰意冷的介子推早已带着母亲隐居绵山。

晋文公无计可施，只好放火烧山，他想，介子推孝顺母亲，一定会带着老母出来。谁知这场大火却把介子推母子烧死了。晋文公悲痛欲绝。为了纪念介子推，晋文公下令每年的这一天，禁止生火，家家户户只能吃生冷的食物，这就是“寒食节”的来源。

寒食节是在清明节的前一天，古人常把寒食节的活动延续到清明，久而久之，清明取代了寒食节。拜介子推的习俗也变成了清明扫墓的习俗了。无论以何种形式纪念，为了使纪念祖先的仪式更有意义，我们应该让年轻一代的家庭成员了解先人过去的奋斗历史，当然，还要学习介子推宁死不屈的气节。

qīng míng

清 明

wáng yǔ chēng　　sòng

王 禹 偁　（宋）

wú huā wú jiǔ guò qīng míng

无 花 无 酒 过 清 明，

xìng wèi xiāo rán sì yě sēng

兴 味 萧 然 似 野 僧。

zuó rì lín jiā qǐ xīn huǒ

昨 日 邻 家 乞 新 火，

xiǎo chuāng fēn yǔ dú shū dēng

晓 窗 分 与 读 书 灯。

The Mourning Day

WANG Yucheng

With nor flowers nor wine I passed the Mourning Day,
As drear as a friar begging all the way.
I asked my neighbor for new-made fire last night,
Lighting my lamp at dawn, I may read by its light. ①

---

① 许渊冲译，《千家诗》，中国对外翻译出版公司，2009 年，第 17 页

风俗大观园

踏青

又叫春游。古时叫探春、寻春等。三月清明，春回大地，自然界到处呈现一派生机勃勃的景象，正是郊游的大好时光。我国民间长期保持着清明踏青的习惯。

植树

清明前后，春阳照临，春雨飞洒，种植树苗成活率高，并且成长快。因此，自古以来，我国就有清明植树的习惯。有人还把清明节叫作“植树节”。植树风俗一直流传至今。1979 年，人大常委会规定，每年三月十二日为我国植树节。这对动员全国各族人民积极开展绿化祖国活动，有着十分重要的意义。

放风筝

放风筝也是清明时节人们所喜爱的活动。每逢清明时节，人们不仅白天放，夜间也放。夜里在风筝下或风稳拉线上挂上一串串彩色的小灯笼，像闪烁的明星，被称为“神灯”。过去，有的人把风筝放上蓝天后，便剪断牵线，任凭清风把它们送往天涯海角，据说这样能除病消灾，给自己带来好运。

pò zhèn zi　chūn jǐng
破阵子·春景

yàn shū　sòng
晏殊（宋）

yàn zǐ lái shí xīn shè
燕子来时新社，

lí huā luò hòu qīng míng
梨花落后清明。

chí shàng bì tái sān sì diǎn
池上碧苔三四点，

yè dǐ huáng lí yī liǎng shēng
叶底黄鹂一两声。

rì cháng fēi xù qīng
日长飞絮轻。

qiǎo xiào dōng lín nǚ bàn
巧笑东邻女伴，

cǎi sāng jìng lǐ féng yíng
采桑径里逢迎。

yí guài zuó xiāo chūn mèng hǎo
疑怪昨宵春梦好，

yuán shì jīn zhāo dòu cǎo yíng
元是今朝斗草赢。

xiào cóng shuāng liǎn shēng
笑从双脸生。

Dance of the Cavalry
Spring Scenery

YAN Shu

Whens wallows come, we worship gods of spring;
Then flowers fall, we mourn for the dear dead.
We hear, amid the leaves, the orioles sing;
Beside the pool we see the green moss spread.
The willow catkins fly as the day's lengthening.
My neighbor's daughter and her friends are sweet,
Mulberry leaves to gather now they meet.
Last night, she wonders, why such happy dreams?
They foretell that she wins the game of grass, it seems.
A sparkling smile upon her fair face beams. [1]

[1] 许渊冲选译,《唐宋词一百首》,中国对外翻译出版公司,2007 年,第 99 页

节日美食集锦

青团【Sweet Green Rice Ball】

青团是流行于中国江浙地区的清明节美食之一，也是长江以南地区的人们祭祀的必备品。就像糯米饺子一样，青团外部是由糯米做成，内部由红豆沙填满。

清明果【Qingming Fruit】

清明果，又称“艾米果”，形状有些像饺子，但味却与饺子截然不同。清明果的皮是由艾叶、大米和糯米制成，果馅儿由豆沙填满，然后在蒸笼上蒸熟了即可食用。除了甜馅，人们还用鲜肉或腊肉、笋、腌菜、大蒜、培根丁、蘑菇丁、豆腐干等做馅。

馓(sǎn)子【San zi】

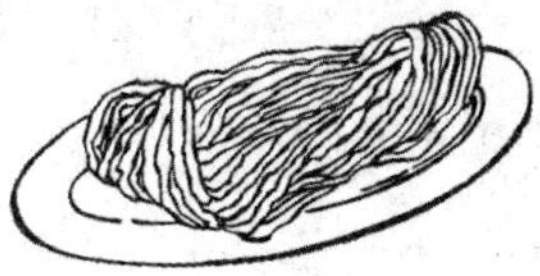

我国各地清明节都有吃馓子的食俗。“馓子”为一油炸食品，旧时叫“寒食”。北方馓子以麦面为主料，南方馓子多以米面为主料。

乌稔(rěn)饭【Wuren Rice】

乌稔饭是一种流行于畲(shē)族的清明美食，福建东部(包括福州、宁德)乃畲族的主要聚居区。每年清明节，畲族人家家户户都会煮“乌稔饭”。

dì sì shí sān kè duān wǔ shī cí

第四十三课 端午诗词

Lesson 43 Poems of Dragon Boat Festival

节日小百科

端午节，为每年农历五月初五。据《荆楚岁时记》记载，因仲夏登高，顺阳在上，五月是仲夏，它的第一个午日正是登高顺阳好天气之日，故五月初五亦称为“端阳节”。此外端午节还称午日节、五月节、龙舟节、浴兰节等。端午节是流行于中国以及汉字文化圈诸国的传统文化节日。端午节起源于中国，最初为古代百越地区（长江中下游及以南一带）崇拜龙图腾的部族举行图腾祭祀的节日，百越之地春秋之前有在农历五月初五以龙舟竞渡形式举行部落图腾祭祀的习俗。战国时期的楚国（今湖北）诗人屈原在该日抱石跳汨（mì）罗江自尽，统治者为树立忠君爱国标签将端午作为纪念屈原的节日。部分地区也有纪念伍子胥、曹娥等说法。

xián jū chū xià wǔ shuì qǐ
闲居初夏午睡起

yáng wàn lǐ sòng
杨万里（宋）

méi zǐ liú suān ruǎn chǐ yá
梅子留酸软齿牙，
bā jiāo fēn lǜ yǔ chuāng shā
芭蕉分绿与窗纱。
rì cháng shuì qǐ wú qíng sī
日长睡起无情思，
xián kàn ér tóng zhuō liǔ huā
闲看儿童捉柳花。

After a Nap in Early Summer

YANG Wanli

The juice of mume makes my teeth feel a sourness keen;
Banana leaves share their green with my window screen.
What after a long daynap can I do with pleasure?
I only watch the kids catch willow down at leisure.[1]

① 许渊冲，许明译，《千家诗》，中国对外翻译出版公司，2009 年，第 49 页

风俗大观园

龙舟竞渡

龙船竞渡前，先要请龙、祭神。过去，人们祭祀龙神庙时气氛很严肃，多祈求农业丰收、风调雨顺、去邪祟、攘(rǎng)灾异、事事如意，也保佑划船平安。用人们的话说，“图个吉利”，表达人们内心良好的愿望。在正式竞渡开始时，气氛十分热烈。近年来，国内外都出现了国际龙舟比赛，吸引了各国健儿。

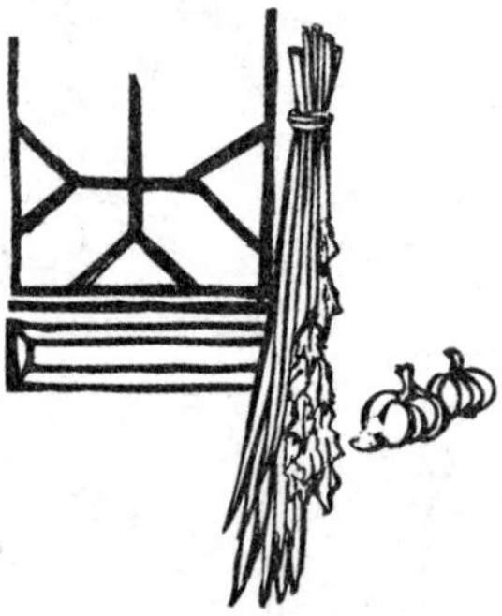

悬艾叶、菖(chāng)蒲、蒜头

艾、菖蒲和蒜被称为“端午三友”。艾与菖蒲中含有芳香油，它们和蒜一样都有杀菌作用。端午期间，时近夏至，正是寒气暑气交互转换之时，从饮食到穿衣、行动都得注意。有谚语道：“未吃端午粽，寒衣不可送；吃了端午粽，还要冻三冻。”江南地区，有的习俗是在端午节饮菖蒲酒，通常是在节前，便把菖蒲切碎，伴上雄黄，浸入酒中，节日便可饮用。

配饰：挂荷包

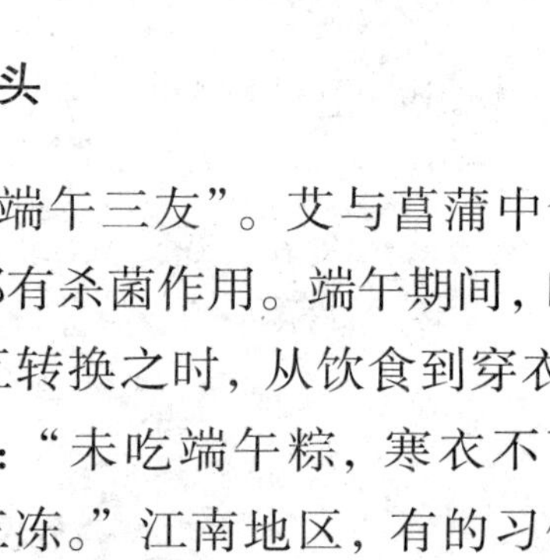

“端五以赤白彩造如囊(náng)，以彩线贯之，搐(chù)使如花形”；“端五日以蚌(bàng)粉纳帛(bó)中，缀之以绵，若数珠。令小儿带之以吸汗也”。这些随身携带的袋囊，内容物几经变化，从吸汗的蚌粉、驱邪的灵符、铜钱，辟虫的雄黄粉，发展成装有香料的香囊，制作也日趋精致，成为端午节特有的民间艺品。

lín jiāng xiān gāo yǒng chǔ cí chóu wǔ rì

临江仙·高咏楚词酬午日

chén yǔ yì sòng

陈与义（宋）

gāo yǒng chǔ cí chóu wǔ rì
高咏楚词酬午日，

tiān yá jié xù cōng cōng
天涯节序匆匆。

liú huā bú sì wǔ qún hóng
榴花不似舞裙红。

wú rén zhī cǐ yì
无人知此意，

gē bà mǎn lián fēng
歌罢满帘风。

wàn shì yì shēn shāng lǎo yǐ
万事一身伤老矣，

róng kuí níng xiào qiáng dōng
戎葵凝笑墙东。

jiǔ bēi shēn qiǎn qù nián tóng
酒杯深浅去年同。

shì jiāo qiáo xià shuǐ
试浇桥下水，

jīn xī dào xiāng zhōng
今夕到湘中。

Riverside Daffodils

CHEN Yuyi

I chant the Southern Verse on Poet-Mouring Day,
Far, far from home; time flies away.
The pomegranate's not so red as the dancer's dress,
No one knows my distress,
My song ruffles the curtain none the less.
What can I do now when I am old!
The sunflower's smile's congealed in eastern corner cold.
My cup is brimful of wine as last year,
I pour libation here,
Each drop would turn into a tear.①

① 许渊冲译注,《宋词三百首》, 中国对外翻译出版公司, 2007 年, 第 284 页

节日小故事

关于端午节起源的说法有好几种，其中以纪念两千多年前，愤投汨(mì)罗江的中国大诗人屈原一说最广为流传。

屈原是楚怀王时的大臣，备受楚怀王重用。此举引起上官大夫及令尹子兰的嫉妒，诽谤屈原，离间楚王和屈原之间的关系。楚王继而逐渐疏远屈原，甚至将屈原放逐。

眼见楚国濒临绝境，因谗(chán)臣误国，将为秦国所灭，屈原满怀悲愤，在写下了绝笔作《怀沙》后，怀石投汨罗江自尽。

屈原死后，楚国的百姓十分哀痛，涌至汨罗江边去凭吊屈原。而渔夫们也撑起了船只，在江上打捞屈原的尸体。他们还把粽子、鸡蛋等食物，往江里面丢，希望喂饱鱼虾，不让它们夺食屈原的尸体。

还有人拿了一坛雄黄酒倒进江里，希望药晕江里的蛟龙。据说，当时水面上浮起了一条昏晕的蛟龙，龙须上还沾着一片屈大夫的衣襟。人们就把这恶龙拉上岸，抽了筋，把龙筋缠在孩子们的手和脖子上，又用雄黄酒抹七窍，使那些毒蛇害虫都不敢来伤害这些小孩子。

因为屈原投江的那天是五月初五，从此以后，每年的这一天，人们便要划龙舟、吃粽子、喝雄黄酒来纪念屈原，甚至还在这天到来时，特地把菖蒲或艾草插在门上。

yǐ mǎo chóng wǔ shī
乙卯重五诗

lù yóu sòng
陆游（宋）

chóng wǔ shān cūn hǎo
重五山村好，
liú huā hū yǐ fán
榴花忽已繁。
zòng bāo fēn liǎng jì
粽包分两髻，
ài shù zhuó wēi guān
艾束著危冠。
jiù sú fāng chǔ yào
旧俗方储药，
léi qū yì diǎn dān
羸躯亦点丹。
rì xiá wú shì bì
日斜吾事毕，
yí xiào xiàng bēi pán
一笑向杯盘。

The Poet of Dragon Boat Festival in YiMao

LU You

On the day of Dragon Boat Festival,
Pomegranate flowers blossom over the village.
Eating Zongzi with two ears,
We stick artemisias in the high crowns.
Following the ancient prescriptions,
We store drugs in hope of good health.
In spite of the thin and weak body,
I make the alchemy Dan medicine.
Up to the twilight, all things have been done.
I am delighted to enjoy the food and wine.[①]

① 黄璐译。

节日美食集锦

吃粽子

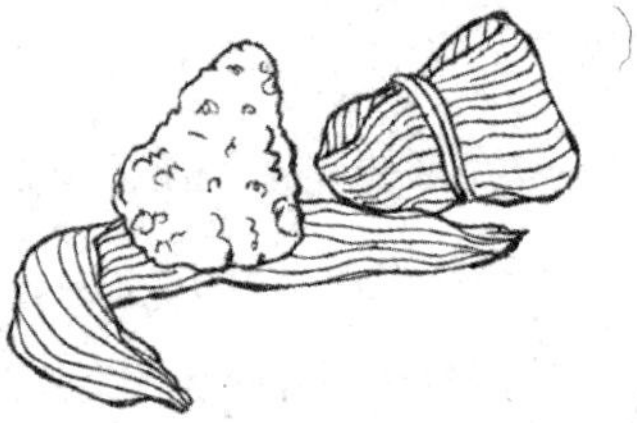

“粽子香，香厨房。艾叶香，香满堂。桃枝插在大门上，出门一望麦儿黄。这儿端阳，那儿端阳，处处都端阳。”这是旧时流行甚广的一首描写过端午节的民谣。端午节吃粽子，古往今来，中国各地都一样。现今各地的粽子，一般都用箬（ruò）壳包糯米，但内含的花色则根据各地特产和风俗而定，著名的有桂圆粽、肉粽、莲蓉粽、蜜饯粽、板栗粽、辣粽、酸菜粽、咸蛋粽等等。

饮雄黄酒

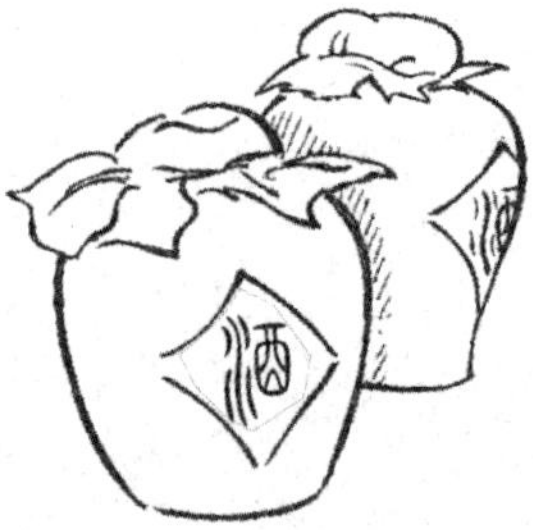

端午饮雄黄酒的习俗，从前在长江流域地区极为盛行。古语曾说“饮了雄黄酒，病魔都远走”。雄黄酒有杀菌驱虫解五毒的功效，中医还用来治皮肤病。在没有碘酒之类消毒剂的古代，用雄黄泡酒，可以祛毒解痒。未到喝酒年龄的小孩子，大人则给他们的额头、耳鼻、手足心等处涂抹上雄黄酒，意在消毒防病，虫豸（zhì）不叮。

吃茶蛋

江西南昌地区，端午节要煮茶蛋和盐水蛋吃。蛋有鸡蛋、鸭蛋、鹅蛋。蛋壳涂上红色，用五颜六色的网袋装着，挂在小孩子的脖子上，意为祝福孩子逢凶化吉，平安无事。

采茶、制凉茶

北方一些地区，喜于端午采嫩树叶、野菜叶蒸晾，制成茶叶。广东潮州一带，人们去郊外山野采草药，熬凉茶喝。这对健康也有好处。

huàn xī shā duān wǔ

浣溪沙·端午

sū shì sòng

苏轼（宋）

qīng hàn wēi wēi tòu bì wán
轻汗微微透碧纨，

míng zhāo duān wǔ yù fāng lán
明朝端午浴芳兰。

liú xiāng zhǎng nì mǎn qíng chuān
流香涨腻满晴川。

cǎi xiàn qīng chán hóng yù bì
彩线轻缠红玉臂，

xiǎo fú xié guà lǜ yún huán
小符斜挂绿云鬟。

jiā rén xiāng jiàn yì qiān nián
佳人相见一千年。

Silk-washing Stream
Dragon Boat Festival

SU Shi

The green thin silk was soaked by light sweat.

Aromatic herbs are prepared for bath tomorrow, the Dragon Boat Festival.

Bathing water full of fragrance run into the Qing River.

Beauty's arms were twisted by colorful lines.

Beauty's cloud-like black hair near the ears were decorated by little efficacious symbols.

Spend this festival with sweet lover and wish the love last forever.[①]

① 黄璐，周嘉淇译

dì　sì　shí　sì　kè　　zhōng　qiū　shī　cí

第四十四课　中秋诗词

Lesson 44　Poems of Mid-Autumn Festival

节日小百科

中秋节，又称月夕、秋节、仲秋节、八月节、八月会、追月节、玩月节、拜月节、女儿节或团圆节，是流行于中国众多民族与汉字文化圈诸国的传统文化节日，时在农历八月十五。因其恰值三秋之半，故名；也有些地方将中秋节定在八月十六。中秋节始于唐朝初年，盛行于宋朝。受中华文化的影响，中秋节也是东亚和东南亚一些国家尤其是当地的华人华侨的传统节日。自2008年起中秋节被列为国家法定节假日。2006年5月20日，国务院列入首批国家级非物质文化遗产名录。

中秋节自古便有祭月、赏月、拜月、吃月饼、赏桂花、饮桂花酒等习俗，流传至今，经久不息。中秋节以月之圆兆人之团圆，为寄托思念故乡，思念亲人之情，祈盼丰收、幸福，成为丰富多彩、弥足珍贵的文化遗产。

zhōng qiū yuè
中 秋 月

sū shì sòng
苏 轼 （宋）

mù yún shōu jìn yì qīng hán
暮 云 收 尽 溢 清 寒，
yín hàn wú shēng zhuǎn yù pán
银 汉 无 声 转 玉 盘。
cǐ shēng cǐ yè bù cháng hǎo
此 生 此 夜 不 长 好，
míng yuè míng nián hé chù kàn
明 月 明 年 何 处 看。

The Mid-Autumn Moon

SU Shi

Evening clouds withdrawn, pure cold air floods the sky;
The River of Stars mute, a fine plate turns on high.
How often can we have a fine Mid-autumn Night?
Where shall we view next year a silver moon as bright?①

① 许渊冲，许明译，《千家诗》，中国对外翻译出版公司，2009 年，第 69 页

风俗大观园

玩花灯

中秋是我国三大灯节之一，过节要玩灯。当然，中秋没有像元宵节那样的大型灯会，玩灯主要是在家庭、儿童之间进行的。早在北宋《武林旧事》中，记载中秋夜节俗，就有将“一点红”灯放入江中漂流玩耍的活动。中秋玩花灯，多集中在南方。如佛山秋色会上，就有各种各式的彩灯：芝麻灯、蛋壳灯、稻草灯、鱼鳞灯、谷壳灯、瓜籽灯及鸟兽花树灯等，令人赞叹。在广州、香港等地，中秋夜要进行树中秋活动，树亦作竖，即将灯彩高竖起来之意。另外还有放天灯的，即孔明灯，用纸扎成大型的灯，灯下燃烛，热气上腾，使灯飞扬在空中，引人欢笑追逐。

客家习俗

客家人过中秋吃月饼、赏月等习俗与全国其他各地大致相同。客家人称八月节或八月半。每逢中秋圆月升起时，客家的人们早早便在庭院、楼台，或屋前的禾坪对着月亮升起的地方，摆出月饼、花生、柚子等果品，准备“敬月光”活动。拜过月后，一家大小在外面赏月、吃东西。大人们赏月时，小孩子们一般是在皎洁的月色下追逐嬉戏，此时是他们的天堂。而吃东西则是有些讲究的。家长往往先让大家吃这些祭过月神的祭品。在华夏祭祀文化中，有这样的传统，就是在神主享用后，祭者常常会把祭品分吃掉，这样整个祭祀礼仪结束。梅县人的说法是，吃了这些祭品更“乖”，吃了有福气，吃了会更吉利。

shuǐ diào gē tóu bǐng chén zhōng qiū
水调歌头·丙辰中秋

sū shì sòng
苏轼（宋）

míng yuè jǐ shí yǒu
明月几时有？
bǎ jiǔ wèn qīng tiān
把酒问青天。
bù zhī tiān shàng gōng què
不知天上宫阙，
jīn xī shì hé nián
今夕是何年。
wǒ yù chéng fēng guī qù
我欲乘风归去，
yòu kǒng qióng lóu yù yǔ
又恐琼楼玉宇，
gāo chù bú shèng hán
高处不胜寒。
qǐ wǔ nòng qīng yǐng
起舞弄清影，
hé sì zài rén jiān
何似在人间？

Prelude to the Melody of Water

SU Shi

How long will the bright moon appear?
Wine-cup in hand, I ask the sky.
I do not know what time of year
It would be tonight in the palace on high.
Riding the wind, there I would fly,
Yet I fear the crystal palace would be
Far too high and cold for me.
I rise and dance, with my shadow I play.
On high as on earth, would it be as gay?

zhuǎn zhū gé
转朱阁，

dī qǐ hù
低绮户，

zhào wú mián
照无眠。

bù yīng yǒu hèn
不应有恨，

hé shì cháng xiàng bié shí yuán
何事长向别时圆？

rén yǒu bēi huān lí hé
人有悲欢离合，

yuè yǒu yīn qíng yuán quē
月有阴晴圆缺，

cǐ shì gǔ nán quán
此事古难全。

dàn yuàn rén cháng jiǔ
但愿人长久，

qiān lǐ gòng chán juān
千里共婵娟。

The moon goes round the mansion red
Through gauze-draped windows soft to shed
Her light upon the sleepless bed.
Against man she should have no spite.
Why then when people part is she oft full and bright?
Men have sorrow and joy, they part or meet again;
The moon may be bright or dim, she may wax or wane.
There has been nothing perfect since the olden days.
So let us wish that man
Will live long as he can!
Through miles apart, we'll share the beauty she displays.[①]

① 许渊冲译,《唐宋词一百首》, 中国对外翻译出版公司, 2007 年, 第 131 页

节日小故事

嫦娥奔月

相传远古时候，有一年天上出现了十个太阳，直烤得大地冒烟，海水干涸(hé)，老百姓眼看无法再生活下去。这件事惊动了一个名叫后羿(yì)的英雄，他登上昆仑山顶，运足神力，拉开神弓，一气射下九个多余的太阳。后羿立下汗马功劳，受到百姓的尊敬和爱戴，不少志士慕名前来投师学艺。奸诈刁钻、心术不正的逄(páng)蒙也混了进来。

不久，后羿娶了个美丽善良的妻子，名叫嫦娥。后羿除传艺狩猎外，终日和妻子在一起，人们都羡慕这对郎才女貌的恩爱夫妻。

一天，后羿到昆仑山访友求道，巧遇由此经过的王母娘娘，王母娘娘赐给他两颗仙丹，吃一颗可以长生不老，吃两颗可以上天为仙。然而，后羿舍不得撇下妻子，只好暂时把不死药交给嫦娥珍藏。嫦娥将药藏进梳妆台的百宝匣里，不料被逄蒙看到了。三天后，后羿率众徒外出狩猎，逄蒙假装生病，留了下来。待后羿率众人走后不久，逄蒙手持宝剑威逼嫦娥交出不死药。嫦娥知道自己不是逄蒙的对手，危急之时她当机立断，转身打开百宝匣，拿出不死药一口吞了下去。之后身子立时飘离地面、冲出窗口，向天上飞去。

傍晚，后羿回到家，侍女们哭诉了白天发生的事。后羿既惊又怒，抽剑去杀恶徒，逄蒙早逃走了，气得后羿捶胸顿足哇哇大叫。悲痛欲绝的后羿，仰望着夜空呼唤爱妻的名字，这时他惊奇地发现，今天的月亮格外皎洁明亮，而且有个晃动的身影酷似嫦娥。嫦娥每天都到月亮前观望着丈夫。后羿急忙派人到嫦娥喜爱的后花园里，摆上香案，放上她平时最爱吃的蜜食鲜果和月饼，遥祭在月宫里眷恋着自己的嫦娥。

百姓们闻知嫦娥奔月成仙的消息后，纷纷在月下摆设香案，向善良的嫦娥祈求吉祥平安。从此，中秋节拜月的风俗在民间传开了。

嫦娥
cháng é

李商隐（唐）
lǐ shāng yǐn　táng

yún mǔ píng fēng zhú yǐng shēn
云母屏风烛影深，

cháng hé jiàn luò xiǎo xīng chén
长河渐落晓星沉。

cháng é yīng huǐ tōu líng yào
嫦娥应悔偷灵药，

bì hǎi qīng tiān yè yè xīn
碧海青天夜夜心。

The Lady in the Moon

LI Shangyin

Behind the mica screen, in shadows deep, a candle flickers,
The Milky Way has faded, and the morning star declines.
Chang E must regret having stolen the magic elixir,
In that blue ocean of a sky: endless thoughts, night after night.①

① 张廷琛，魏博思选译，《唐诗一百首》，中国对外翻译出版公司，2007 年，第 266 页

民间传说

吴刚伐桂

传说吴刚是天庭中的一位粗鲁的天将，被嫦娥的美丽深深吸引。也不顾对方的拒绝，一次又一次地跑到月宫纠缠。嫦娥不堪其扰，于是指向月中桂树说，它枝条太长了，今夜你若能将它砍断，便答应你的追求。吴刚心花怒放，心想这算什么难题，抡起斧头就砍。可每次拔出斧头，桂树的树身便恢复如初。于是他一斧又一斧地砍，桂树总是不断，一直砍到今天。

也有传说中吴刚是位凡人：一位西河人姓吴名刚，本为樵夫，后成仙。因吴刚常常打破天规，天帝震怒，把他居留在月宫，令他在月宫伐株五百丈的桂树，并说："如果你砍倒桂树，就可获仙术。"但吴刚每砍一斧，树的创伤马上就愈合。日复一日，吴刚伐桂的愿望仍未达成。因此吴刚在月宫常年伐桂，始终砍不倒这棵树，而他也不断地砍下去。

玄宗漫游月宫

在唐朝，最富有传奇色彩的就是玄宗漫游月宫的传说了。相传唐玄宗与申天师及道士鸿都中秋望月，突然玄宗兴起游月宫之念，于是天师作法，三人一起步上青云，漫游月宫。但宫前有守卫森严，无法进入，只能在外俯（fǔ）瞰（kàn）长安皇城。在此之际，忽闻仙声阵阵，清丽奇绝，婉转动人！唐玄宗素来熟通音律，于是默记心中。这正是"此曲只应天上有，人间能得几回闻？"日后玄宗回忆月宫仙娥的音乐歌声，自己又谱曲编舞，这便是历史上有名的"霓（ní）裳（cháng）羽衣曲"。

yuè xià dú zhuó
月下独酌

lǐ bái táng
李白（唐）

huā jiān yì hú jiǔ dú zhuó wú xiāng qīn
花间一壶酒，独酌无相亲。

jǔ bēi yāo míng yuè duì yǐng chéng sān rén
举杯邀明月，对影成三人。

yuè jì bù jiě yǐn yǐng tú suí wǒ shēn
月既不解饮，影徒随我身。

zàn bàn yuè jiāng yǐng xíng lè xū jí chūn
暂伴月将影，行乐须及春。

wǒ gē yuè pái huái wǒ wǔ yǐng líng luàn
我歌月徘徊，我舞影零乱。

xǐng shí tóng jiāo huān zuì hòu gè fēn sàn
醒时同交欢，醉后各分散。

yǒng jié wú qíng yóu xiāng qī miǎo yún hàn
永结无情游，相期邈云汉。

Drinking Alone Under the Moon

LI Bai

A jug of wine amidst the flowers:
Drinking alone, with no friend near.
Raising my cup, I beckon the bright moon;
My shadow included, we are a party of three.
Although the moon's unused to drinking
And the shadow only apes my every move
For the moment I will just take them as they are,
Enjoying spring when spring is here.
Reeling shadow, swaying moon
Attend my dance and song.
Still sober, we rejoice together;
Drunk, each takes his leave.
To seal forever such unfettered friendship
Let's rendezvous beyondthe Milky Way. ①

① 张廷琛，魏博思选译，《唐诗一百首》，中国对外翻译出版公司，2007 年，第 68 页

节日美食集锦

吃月饼

吃月饼表示“团圆”。月饼，又叫胡饼、宫饼、丰收饼、团圆饼等，是古代中秋祭拜月神的供品。人们把中秋赏月与品尝月饼，作为家人团圆的一大象征，月饼也就成为了节日的必备礼品。其中京式、苏式、广式、潮式等月饼广为我国南北各地的人们所喜食。

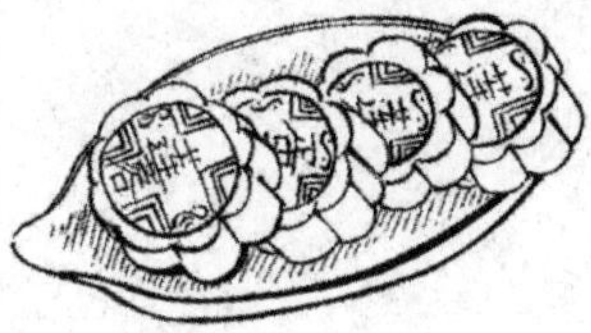

吃柚子

柚子是中秋节的必备品之一，因为“柚”与“佑”谐音，也是希望月亮保佑的意思。吃了甜月饼，再吃点甜酸的柚子，开胃又解油腻。

炒田螺

中秋前后，是田螺空怀的时候，腹内无小螺，因此，肉质特别肥美，是食田螺的最佳时节。在广东、湖南等地，不少家庭在中秋期间，都有吃炒田螺的习惯。

芋头

南方不少地方，在八月十五祭神时，有一款贡品是芋头——将整个芋头煮熟装在大碗里摆在供桌上，以此来祭谢土地神。

dì sì shí wǔ kè chóng yáng shī cí
第四十五课 重阳诗词

Lesson 45 Poems of Double Ninth Festival

节日小百科

农历九月九日，为传统的重阳节。因为古老的《易经》中把“六”定为阴数，把“九”定为阳数，九月九日，日月并阳，两九相重，故而叫重阳，也叫重九。古人认为这是个值得庆贺的吉利日子，并且从很早就开始过此节日。

民间在该日有登高的风俗，所以重阳节又称“登高节”。由于九月初九“九九”谐音是“久久”，有长久之意，所以常在此日祭祖与推行敬老活动。

今天的重阳节，被赋予了新的含义，在1989年，我国把每年的九月九日定为老人节，传统与现代巧妙地结合，成为尊老、敬老、爱老、助老的老年人的节日。

jiǔ yuè jiǔ rì yì shān dōng xiōng dì
九月九日忆山东兄弟

wáng wéi táng
王 维 （唐）

dú zài yì xiāng wéi yì kè
独 在 异 乡 为 异 客，

měi féng jiā jié bèi sī qīn
每 逢 佳 节 倍 思 亲。

yáo zhī xiōng dì dēng gāo chù
遥 知 兄 弟 登 高 处，

biàn chā zhū yú shǎo yì rén
遍 插 茱 萸 少 一 人。

Thinking of My Brothers on Mountain-Climbing Day

WANG Wei

Alone, a lonely stranger in a foreign land,
I doubly pine for my kinsfolk on holiday.
I know my brothers would, with dogwood spray in hand,
Climb up mountain and miss me so far away. ①

---

① 许渊冲译，《唐诗三百首》，中国对外翻译出版公司，2007 年

风俗大观园

赏菊

菊是长寿之花，又为文人们赞美作凌霜不屈的象征，所以人们爱它、赞它，故常举办大型的菊展。菊展自然多在重阳举行，因为菊与重阳关系太深了。因此，重阳又称“菊花节”，而菊花又称“九花”。赏菊也就成了重阳节习俗的组成部分。

登高

重阳最重要的节日活动之一，即是登高。故重阳节又叫“登高节”。登高所到之处，没有划一的规定，一般是登高山、登高塔。当然人们登高也不单是攀登而已，还要观赏山上的红叶野花，并饮酒吃肉，享受一番，使登高与野宴结合起来，更有吸引力。

佩茱萸、簪(zān)菊花

重阳节有佩茱萸的风俗，因此又被称为“茱萸节”。茱萸是重阳节的重要标志。重阳节时人们还喜欢佩戴菊花。茱萸雅号“辟邪翁”，菊花又名“延寿客”。古人认为佩带茱萸，可以辟邪去灾。

dēng gāo
登高

dù fǔ táng
杜甫 （唐）

fēng jí tiān gāo yuán xiào āi
风急天高猿啸哀，
zhǔ qīng shā bái niǎo fēi huí
渚清沙白鸟飞回。
wú biān luò mù xiāo xiāo xià
无边落木萧萧下，
bú jìn cháng jiāng gǔn gǔn lái
不尽长江滚滚来。
wàn lǐ bēi qiū cháng zuò kè
万里悲秋常作客，
bǎi nián duō bìng dú dēng tái
百年多病独登台。
jiān nán kǔ hèn fán shuāng bìn
艰难苦恨繁霜鬓，
liáo dǎo xīn tíng zhuó jiǔ bēi
潦倒新停浊酒杯。

Climbing the Height

DU Fu

The wind so swift and sky so wide, apes wail and cry;
Water so clear and beach so white, birds wheel and fly.
The boundless forest sheds its leaves shower by shower;
The endless river rolls its waves hour after hour.
A thousand miles from home, I'm grieved at autumn's plight;
Ill now and then for years, alone I'm on this height.
Living in times so hard, at frosted hair I pine;
Cast down by poverty, I have to give up wine.[①]

① 许渊冲译,《中诗英韵探胜——从〈诗经〉到〈西厢记〉》, 人民卫生出版社, 1992 年

节日小故事

关于重阳节的由来，源于道教的一个神仙故事：

相传在东汉时期，汝(rǔ)河有个瘟(wēn)魔(mó)，只要它一出现，家家户户就会有人病倒，甚至天天有人丧命，这一带的百姓受尽了瘟魔的蹂(róu)躏(lìn)，惨不忍睹。

当时汝南县有个青年叫恒景，有一年瘟疫夺走了他的父母，自己也差点儿丧了命。恒景病愈后，他辞别了心爱的妻子和父老乡亲，决心出去访仙学艺，为民除害。恒景历经艰险，终于在一座古山里找到了一位法力无边的仙人。仙人为他不辞劳苦、为民除害的精神所感动，决定收他为徒，给他一把降妖宝剑，并秘密传授降妖剑术。恒景废寝忘食，日夜苦练，终于练出了一身非凡的武艺。

有一天，仙人把恒景叫到跟前，对他说："明天是九月初九，瘟魔又要出来作恶，如今你的本领已经学成，应该回去为民除害了！"。这时，仙人送给恒景一包茱萸叶，一瓶菊花酒，并授以避邪秘诀，让恒景立即骑着仙鹤赶回家去。

恒景回到家乡，在九月九日早晨，他按照仙人的嘱咐把乡亲们领到附近的一座山上，发给每人一片茱萸叶，一盅菊花酒。中午时分，狂风怒号，北风骤起，天昏地暗，随着几声凄厉地吼叫，瘟魔冲出汝河，扑到山下。就在这时，瘟魔突然闻到茱萸的奇味和菊花酒的醇香，脸色突变，瑟瑟发抖，不敢前行。说时迟那时快，恒景手持降妖宝剑，立即奔下山来，经过几个回合的激烈搏斗，恒景将温魔刺死，瘟疫(yì)消除。从此，每年的农历九月九日，登高避疫的风俗便年复一年地流传下来。

cǎi sāng zǐ　chóng yáng
采桑子·重阳

máo zé dōng
毛泽东

rén shēng yì lǎo tiān nán lǎo
人生易老天难老，
suì suì chóng yáng
岁岁重阳。
jīn yòu chóng yáng
今又重阳，
zhàn dì huáng huā fèn wài xiāng
战地黄花分外香。
yì nián yí dù qiū fēng jìn
一年一度秋风劲，
bú sì chūn guāng
不似春光。
shèng sì chūn guāng
胜似春光，
liáo kuò jiāng tiān wàn lǐ shuāng
寥廓江天万里霜。

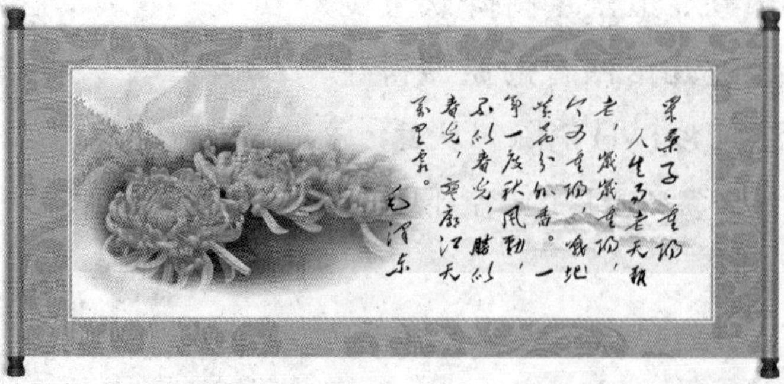

Picking Mulberries

The Double Ninth

MAO Tse-tung

Nature does not grow old as fast as man;
Each year the Double Ninth comes round.
And now the Double Ninth comes round.
How sweet are the yellow flowers on the battleground!
See autumn reign with heavy winds once every year,
Unlike springtime.
Far more sublime,
The boundless sky and waters blend with endless rime.①

① 许渊冲译,《许渊冲英译毛泽东诗词》, 中译出版社, 2015 年

节日美食集锦

花糕

重阳节敬老，登高以避灾。“糕”与“高”同音，又有“步步高升”、“寿高九九”之含义，所以“重阳花糕”成了普受欢迎的节日食品。

螃蟹

中秋刚过，蟹正是肥硕之时。说重阳蟹最美有两层含义：一是重阳节前后，蟹肉肉质鲜美，蟹黄肥厚；二是重阳节是个孝心节，天渐凉了，给年迈的父母准备一套保暖衣，送上几只鲜美的阳澄湖大闸蟹，冲上一杯暖暖的姜茶，让老人家暖暖和和过秋冬。

菊花酒

九九与“久久”谐音，与“酒”也同音，因此派生出九九要喝菊花酒的这一说法。《西京杂记》记述，汉高祖时，宫中“九月九日佩茱萸，食莲饵，饮菊花酒，令人长寿”。南朝梁关均所撰的《续齐谐记》中也记载，“九月九日……，饮菊花酒”，这足以说明重阳饮菊花酒之普及。在当时，人们将菊花酒视为重阳必饮、祛灾祈福的“吉祥酒”

羊肉面

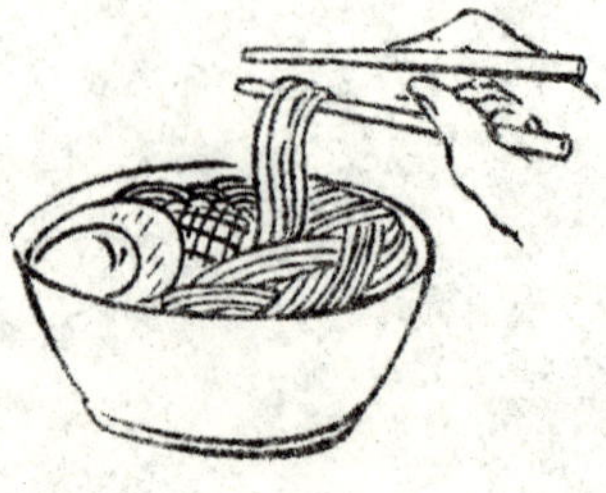

“羊”与“阳”谐音，应重阳之典。面要吃白面，“白”是“百”字去掉顶上的“一”，有一百减一为九十九的寓意，以应“九九”之典。京城给九十九岁老人过生日叫“白寿”。有钱人家当日可举行以羊肉为主的宴会，爆、烤、涮以至全羊席。秋天是羊儿最肥的季节，羊肉性暖，可以御(yù)寒。

zuì huā yīn　chóng yáng
醉花阴·重阳

lǐ qīng zhào　sòng
李清照　（宋）

bó wù nóng yún chóu yǒng zhòu
薄雾浓云愁永昼，

ruì nǎo xiāo jīn shòu
瑞脑消金兽。

jiā jié yòu chóng yáng
佳节又重阳，

yù zhěn shā chú
玉枕纱厨，

bàn yè liáng chū tòu
半夜凉初透。

dōng lí bǎ jiǔ huáng hūn hòu
东篱把酒黄昏后，

yǒu àn xiāng yíng xiù
有暗香盈袖。

mò dào bù xiāo hún
莫道不销魂，

lián juǎn xī fēng　rén bǐ huáng huā shòu
帘卷西风，人比黄花瘦！

Tipsy in the Flower's Shade
The Double Ninth Festival

LI Qingzhao

In thin mist and thick cloud of incense, sad I stay.
The animal-shaped censer I see all day.
The Double Ninth Festival comes again.
Still alone I remain in the curtain of gauze, on a pillow of jade,
Which the midnight chill begins to invade.
After dusk I drink wine by East Hedge in full bloom,
My sleeves filled with fragrance and gloom.
Say not my soul is not consumed!
Should the west wind uproll the curtain of my bower,
Twould show a thinner face than yellow flower.①

① 许渊冲译,《唐宋词一百首》,中国对外翻译出版公司,2007 年,第 195 页

风俗大观园

放纸鹞(yào)

放纸鹞是惠州过重阳节的主要习俗。换句话说，惠州民间过重阳节是以放纸鹞为主要特征的。纸鹞亦现在的风筝。风筝是五代以后的称谓，五代之前，北方习惯称“纸鸢(yuān)”，南方则多叫“鹞子”，惠州的“纸鹞”称谓很明显的是保留了五代以前的古老名称，且有“南北混合”的味道。

吃重阳糕

重阳糕又称花糕、菊糕、五色糕，制无定法，较为随意。农历九月九日天明时，以片糕搭儿女头额，口中念念有词，祝愿子女百事俱高，乃古人九月作糕的本意。讲究的重阳糕要做成九层，像座宝塔，上面还做成两只小羊，以符合重阳(羊)之义。有的还在重阳糕上插一小红纸旗，并点蜡烛灯。这大概是用“点灯”、“吃糕”代替“登高”的意思，用小红纸旗代替茱萸。

饮菊花酒

重阳佳节，中国有饮菊花酒的传统习俗。菊花酒，在古代被看作是重阳必饮、祛灾祈福的“吉祥酒”。汉代就已有了菊花酒。魏时曹丕(pī)曾在重阳赠菊给钟繇(yáo)，祝他长寿。

dì sì shí liù kè chūn jié shī cí
第四十六课 春节诗词

Lesson 46 Poems of Spring Festival

节日小百科

春节是指汉字文化圈传统上的农历新年，俗称"年节"，传统名称为新年、大年、新岁，但口头上又称度岁、庆新岁、过年，是中华民族最隆重的传统佳节。

春节起源于殷商时期年头岁尾的祭神祭祖活动，是中国最盛大、最热闹、最重要的一个古老传统节日。在中国民间，传统意义上的春节是指从腊月初八的腊祭或腊月二十三或二十四的祭灶，一直到正月十五，其中以除夕和正月初一为高潮。

在春节期间，中国的汉族和一些少数民族都要举行各种活动以示庆祝。这些活动均以祭祀祖神、祭奠祖先、除旧布新、迎禧接福、祈求丰年为主要内容。春节的活动丰富多彩多姿，带有浓郁的各民族特色。受到中华文化的影响，属于汉字文化圈的一些国家和民族也有庆祝春节的习俗。

yuán rì

元日

wáng ān shí　　sòng

王　安石　（宋）

bào zhú shēngzhōng yí suì chú

爆　竹　声　中　一　岁　除，

chūn fēng sòng nuǎn rù tú sū

春　风　送　暖　入　屠　苏。

qiān mén wàn hù tóng tóng rì

千　门　万　户　曈　曈　日，

zǒng bǎ xīn táo huàn jiù fú

总　把　新　桃　换　旧　符。

The Lunar New Year's Day

WANG Anshi

With crackers's cracking noise the old year passed away;
The vernal breeze brings us warm wine and warm spring day.
The rising sun sheds light on doors of each household,
New peachwood charm is put up to replace the old. [①]

① 许渊冲，许明译，《千家诗》，中国对外翻译出版公司，2009 年，第 8 页

风俗大观园

贴春联

春联也叫门对、春贴、对联、对子、桃符等，它以工整、对偶、简洁、精巧的文字描绘时代背景，抒发美好愿望，是我国特有的文学形式。每逢春节，无论城市还是农村，家家户户都要精选一幅大红春联贴于门上，为节日增加喜庆气氛。

拜年

春节拜年时，晚辈要先给长辈拜年，祝长辈长寿安康。长辈可将事先准备好的压岁钱分给晚辈，据说压岁钱可以压住邪祟，因为“岁”与“祟”谐音，晚辈得到压岁钱就可以平平安安度过一岁。压岁钱有两种：一种是以彩绳穿线编作龙形，置于床脚；另一种是最常见的，即由家长用红纸包裹分给孩子的钱。压岁钱可在晚辈拜年后当众赏给，亦可在除夕夜孩子睡着时，由家长偷偷地放在孩子的枕头底下。

燃放爆竹

中国民间有“开门爆竹”一说。即在新的一年到来之际，家家户户开门的第一件事就是燃放爆竹，在爆竹声中除旧迎新。爆竹是中国特产，亦称“爆仗”、“炮仗”、“鞭炮”。其起源很早，至今已有两千多年的历史。放爆竹可以创造出喜庆热闹的气氛，是节日的一种娱乐活动，可以给人们带来欢愉和吉利。

tián jiā yuán rì

田 家 元 日

mèng hào rán　táng

孟 浩 然 （唐）

zuó yè dǒu huí běi　jīn zhāo suì qǐ dōng
昨 夜 斗 回 北，今 朝 岁 起 东。
wǒ nián yǐ qiáng shì　wú lù shàng yōu nóng
我 年 已 强 仕，无 禄 尚 忧 农。
sāng yě jiù gēng fù　hè chú suí mù tóng
桑 野 就 耕 父，荷 锄 随 牧 童。
tián jiā zhān qì hòu　gòng shuō cǐ nián fēng
田 家 占 气 候，共 说 此 年 丰。

The Lunar New Year's Day of Farmers

MENG Haoran

Last night the Big Dipper's handle turned to the East, and today is the beginning of a new year.

I am forty years old and still concerned about farming although I have no official position.

Getting close to farmers working in the field of mulberry trees, I carry the hoe and accompany the shepherd boys.

Farmers divine the climate and anticipate a great harvest this year. [1]

---

① 黄璐译

风俗大观园

扫

“二十四，扫房子”，我国在尧舜时代就有春节扫尘的风俗。因“尘”与“陈”谐音，新春扫尘有“除陈布新”的含义，其用意是要把一切穷运、晦气统统扫出门。这一习俗寄托着人们破旧立新的愿望和辞旧迎新的祈求。每逢春节来临，家家户户洋溢着欢欢喜喜搞卫生、干干净净迎新春的欢乐气氛。

守岁

除夕守岁是最重要的年俗活动之一，守岁之俗由来已久。守岁是从吃年夜饭开始，一夜不睡，以迎候新年的到来。这顿年夜饭要慢慢地吃，从掌灯时分入席，有的人家一直要吃到深夜。守岁的习俗，既有对如水逝去的岁月含惜别留恋之情，又有对来临的新年寄以美好希望之意。

祭祖

祭祀祖先一般在家中进行。有的地方，家家户户在堂屋中悬挂祖先画像，但多数地区是供着祖先的牌位。祖先的牌位前摆好美酒佳肴、时令果品，供列祖列宗享用；点燃香纸蜡烛后，家长率子孙行叩祭礼。在祭祖时，要面对列祖列宗的牌位，逐项禀报家中一年来发生的喜庆事件，大到娶媳、聘女、生儿添丁，小到生活琐碎等。民俗专家表示，新年祭祖的意义是慎终追远、礼敬祖先及祈求祖先保佑子孙后代繁荣昌盛，诸事顺意，表现了中华民族传统的伦理思想。

shàng yuán yè
上　元　夜

cuī yè　　táng
崔液　（唐）

yù　lòu　yín　hú　qiě　mò　cuī
玉　漏　银　壶　且　莫　催，

tiě　guān　jīn　suǒ　chè　míng　kāi
铁　关　金　锁　彻　明　开。

shuí　jiā　jiàn　yuè　néng　xián　zuò
谁　家　见　月　能　闲　坐？

hé　chù　wén　dēng　bú　kàn　lái
何　处　闻　灯　不　看　来？

Lantern Festival Night

CUI Ye

The dripping water silver pot of calculating time , please do not fly so fast.

Tonight's city gates will open until dawn.

Which family could still stay at home after seeing the wonderful moon?

Which man would not come to enjoy the Lantern Festival after hearing the voices? ①

---

① 黄璐译

节日小故事

贴春联和门神

据说贴春联的习俗，大约始于一千多年前的后蜀时期。

在中国古代神话中，相传有一个鬼域的世界，当中有座山，山上有一棵覆盖三千里的大桃树，树梢上有一只金鸡。每当清晨金鸡长鸣的时候，夜晚出去游荡的鬼魂必赶回鬼域。鬼域的大门坐落在桃树的东北，门边站着两个神人，名叫神荼(tú)、郁垒(lěi)。如果鬼魂在夜间干了伤天害理的事情，神荼、郁垒就会立即发现并将它捉住，用芒苇做的绳子把它捆起来，送去喂虎。因而天下的鬼都畏惧神荼、郁垒。于是民间就用桃木刻成他们的模样，放在自家门口，以避邪防害。后来，人们干脆在桃木板上刻上神荼、郁垒的名字，认为这样做同样可以镇邪去恶。这种桃木板后来就被叫做“桃符”。

到了宋代，人们便开始在桃木板上写对联，一则不失桃木镇邪的意义，二则表达自己美好心愿，三则装饰门户，以求美观。又在象征喜气吉祥的红纸上写对联，新春之际贴在门窗两边，用以表达人们祈求来年福运的美好心愿。

为了祈求一家的福寿康宁，一些地方的人们还保留着贴门神的习惯。据说，大门上贴上两位门神，一切妖魔鬼怪都会望而生畏。在民间，门神是正气和武力的象征，古人认为，相貌出奇的人往往具有神奇的禀(bǐng)性和不凡的本领。所以民间的门神永远都怒目圆睁，相貌狰狞，手里拿着各种传统的武器，随时准备同敢于上门来的鬼魅(mèi)战斗。由于民居的大门，通常都是两扇对开，所以门神总是成双成对。

qīng yù àn　yuán xī
青玉案·元夕

xīn qì jí　sòng
辛弃疾（宋）

dōng fēng yè fàng huā qiān shù
东风夜放花千树。

gèng chuī luò　xīng rú yǔ
更吹落、星如雨。

bǎo mǎ diāo chē xiāng mǎn lù
宝马雕车香满路。

fèng xiāo shēng dòng　yù hú guāng zhuǎn
凤箫声动，玉壶光转，

yí yè yú lóng wǔ
一夜鱼龙舞。

é ér xuě liǔ huáng jīn lǚ
蛾儿雪柳黄金缕。

xiào yǔ yíng yíng àn xiāng qù
笑语盈盈暗香去。

zhòng lǐ xún tā qiān bǎi dù
众里寻他千百度。

mò rán huí shǒu　nà rén què zài
蓦然回首，那人却在，

dēng huǒ lán shān chù
灯火阑珊处。

Green Jade Cup
Lantern Festival

XIN Qiji

One night's east wind adorns a thousand trees with flowers
And blows down stars in showers.
Fine steeds and carved cabs spread fragrance en route,
Music vibrates from the flute,
The moon sheds its full light
While fish and dragon lanterns dance all night.
In gold-thread dress, with moth or willow ornaments,
Giggling, she melts into the throng with trails of scents
But in the crowd once and again
I look for her in vain.
When all at once I turn my head,
I find her there where lantern light is dimly shed. [1]

① 许渊冲选译,《唐宋词一百首》, 中国对外翻译出版公司, 2007 年, 第 266 页

节日美食集锦

饺子

北方有在年夜饭吃饺子的传统，但各地吃饺子的习俗亦不相同：有的地方除夕之夜吃饺子，有的则初一吃饺子。吃饺子是人们在辞旧迎新之际表达祈福的特有方式。饺子形状像元宝，包饺子意味着包住福运，吃饺子象征生活富裕。

年糕

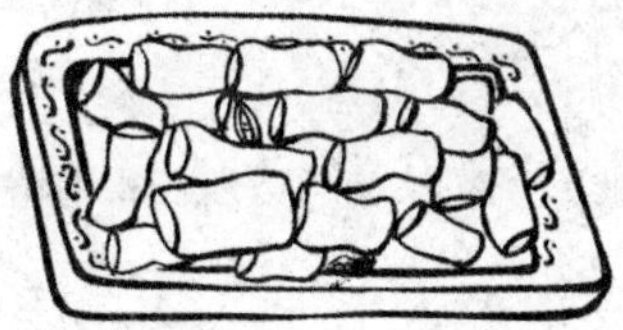

春节吃年糕，寓意万事如意年年高。年糕的种类有：北方有白糕饦（tuō）、黄米糕；江南有水磨年糕；西南有糯粑粑；台湾有红龟糕。北方年糕有蒸、炸二种，南方年糕除蒸、炸外，尚有片炒、汤煮诸法。

元宵

南方叫做“汤圆”。在江苏、上海等地，大年初一早晨都有吃汤圆的习俗。元宵节吃元宵，是取“团团如月”的吉祥之意。元宵以白糖、玫瑰、芝麻、豆沙、黄桂、核桃仁、果仁、枣泥等为馅，用糯米粉包成圆形，可荤可素，风味各异。可汤煮、油炸、蒸食。陕西的汤圆不是包的，而是在糯米粉中“滚”成的，或煮或油炸。

春卷

春卷也叫“春饼”，立春吃春饼是中国一种古老风俗。流行于中国各地，江南等地尤盛。在这里“春”的意思就是春天，有迎春喜庆之吉兆。

参考文献

第一类　中文原典

[1] 王应麟，李毓秀，等. 图解三字经·百家姓·千字文[M]. 崇贤书院，译注. 合肥:黄山书社，2005.

[2] 李毓秀. 弟子规[M]. 贾有仁，卫绍生，译注. 郑州:中州古籍出版社，2006.

[3] 周兴嗣，李毓秀. 千字文·弟子规[M]. 李逸安，译注. 北京:中华书局，2012.

[4] 周兴嗣，王应麟，等. 弟子规·三字经·百家姓·千字文[M]. 张琼，译注. 北京:商务印书馆，2015.

[5] 王应麟. 三字经[M]. 冯国超，译注. 北京:商务印书馆，2015.

[6] 佚名. 增广贤文[M]. 冯国超，译注. 北京:商务印书馆，2015.

[7] 孔丘. 论语[M]. 学之，译注. 西安:陕西师范大学出版社，2010.

[8] 孔丘. 论语通译[M]. 北京:高等教育出版社，2015.

[9] 颜之推. 颜氏家训[M]. 檀作文，译注. 北京:中华书局，2011.

[10] 颜之推，朱柏庐. 颜氏家训·朱子家训[M]. 上海:世界图书出版公司，2014.

[11] 傅璇琮，郝歆. 唐诗[M]. 北京：中华书局，2011.

[12]《图说天下：珍藏版》编委会. 唐诗三百首[M]. 长春:吉林出版集团有限责任公司，2009.

[13] 蔡义江. 宋词[M]. 北京:中华书局，2011.

[14] 周兴嗣，王应麟，等. 三字经·百家姓·千字文·弟子规－－中华经典精粹解读[M]. 李逸安，译注. 北京:中华书局，2012.

第二类　英文译本

[1] 孔子语录[M]. 丁往道，选译. 北京:中国对外翻译出版公司，2007.

[2] 唐宋词一百首[M]. 许渊冲，选译. 北京:中国对外翻译出版公司，2007.

[3] 唐诗一百首[M]. 张廷琛，魏博思，选译. 北京:中国对外翻译出版公司，2007.

[4] 千家诗[M]. 许渊冲，许明，译. 北京:中国对外翻译出版公司，2008.

[5] 元曲三百首[M]. 许渊冲，译. 北京:中国对外翻译出版公司，2008.

[6] 元明清诗[M]. 许渊冲，译. 北京:中国对外翻译出版公司，2008.

[7] 宋词三百首[M]. 许渊冲，译. 北京:中国对外翻译出版公司，2007.

[8] 郭居敬，周兴嗣，等. 孝经·二十四孝·弟子规[M]. 顾丹柯，译. 北京:中国对外翻译出版公司，2010.

[9] 王应麟. 绘画三字经中英文对照[M]. 温振宇，等，译. 北京:中国人民大学出版社，1994.

[10] 郭沂，温少霞. 论语初级读本(汉英对照)[M]. 北京:商务印书馆，2015.

[11] 王汉卫，苏印霞. 新编弟子规[M]. 北京:北京大学出版社，2012.

第三类　与本教材同类型出版物

[1] 育灵童教育研究院. 小学国学经典教材[M]. 北京:北京师范大学出版社，2010.

[2] 曹胜高. 国学 1. [M]. 西安:陕西师大出版社，2014.

[3] 课程教材研究所，小学语文课程教材研究开发中心. 语文[M]. 北京:人民教育出版社，2001.

[4] 周益华，王珊. 幸福读经典[M]. 南昌:江西高校出版社.

[5] 王财贵. 孝弟三百千[M]. 厦门:厦门大学出版社，2003.

[6] 张庆华. 中华国学课本[M]. 北京:中华书局，2013.

[7] 傅建明. 国学[M]. 北京:北京大学出版社，2015.

编　后

中华文化经典博大精深，是千百年历史长河中积淀下来的文化瑰宝，是中华民族的文化之根，是前人留给我们丰厚的文化遗产，是先祖对我们的无私馈赠。古往今来，圣贤先哲创造出了一个诗意的世界，挥毫洒墨之间，一篇篇文章千古流传，凝聚了作者思想、智慧与心声，反映出历史、社会与道德精髓，传达着人类对美好生活的无限追求。古人创作诗文，是带着感情而写的。他们把自己内心的感动写出来，千百年后再读其诗文，依然能够受到同样的感动，这就是中国文化的魅力和生命。

当前，在全球一体化、文化多元化的时代背景下，外来文化不断侵蚀着中华文明。如何去其糟粕，取其精华，实现“和而不同”，关键在于保住源远流长、博大精深的中华民族文化的根本。用思想的圣水洗濯（zhuó）世俗的污染，用崇高的精神充盈我们的内心；让我们的心灵沐浴文字间五彩斑斓的阳光，让我们的心灵感知书卷中博大精深的思想；让我们的思想在先哲的启迪下变得睿智，让我们的生命在美的陶冶中得到升华。

中华文化经典教育对人们心灵的影响是潜移默化的，不管时代如何发展，社会如何进步，有很多根本性的东西是不会也不应该改变的：“玉不琢，不成器”“在家敬父母，何须远烧香”“吾日三省吾身”等等。我们必须始终牢记：“良言一句三冬暖，恶语伤人六月寒”“贫而无谄，富而无骄”“生于忧患，死于安乐”。

因此，为了更好地帮助海外华人特别是华裔青少年学习和掌握中华文化，我们编写了《中华文化经典诵读》这本文选，希冀能让他们增强对中华经典的了解和兴趣，养成热爱中华文化经典和诵读、讲解、实践的好习惯，并从经典中吸取有用的营养，成为具备中华民族优秀传统文化的人。

中华经典文化是中华文明传承数千年的重要载体，内容博大精深。如何从这些浩如烟海的中华经典文化中遴选大家喜闻乐见、朗朗上口的智慧精髓，无疑是一个艰难且极具挑战性的任务。鉴于本书所涉及的范围较广，编写时间紧张和我们的能力有限，因而在内容遴选、材料编排、注释翻译等各方面出现疏漏在所难免，恳请读者谅解并批评指正。

本书编写过程中得到了赣南师范大学美术学院、广州华商职业学院教育科学研究所、江西理工大学外语外贸学院、江西理工大学科技处、江西理工大学教务处、江西理工大学华文教育研究中心等许多单位、专家们的关心与支持。另外，为编写好这部书，我们还学习、借鉴了许多著名专家、学者的作品，在此，我们向他们表示最诚挚的感谢。

江西理工大学、赣南师范大学、广州华商职业学院

《中华文化经典诵读》课题组

2018 年 9 月

图书在版编目（CIP）数据

中华文化经典诵读：中英文对照＋汉语拼音／罗家国，钟舟海，何小陆，蔡汶含编著．--长沙：中南大学出版社，2016.12

ISBN 978－7－5487－2681－4

Ⅰ.①中… Ⅱ.①罗… ②钟… ③何… ④蔡… Ⅲ.①中华文化一通俗读物 Ⅳ.①K203－49

中国版本图书馆 CIP 数据核字(2016)第 311110 号

中华文化经典诵读：中英文对照＋汉语拼音

ZHONGHUA WENHUA JINGDIAN SONGDU

ZHONGYINGWEN DUIZHAO＋HANYU PINYIN

罗家国　钟舟海　何小陆　蔡汶含　编著

□责任编辑　唐天赋

□责任印制　易红卫

□出版发行　中南大学出版社

社址：长沙市麓山南路　　邮编：410083

发行科电话：0731－88876770　　传真：0731－88710482

□印　　装　长沙市宏发印刷有限公司

□开　　本　787×1092　1/16　□印张 13.75　□字数 342 千字

□版　　次　2016 年 12 月第 1 版　□印次　2018 年 10 月第 2 次印刷

□书　　号　ISBN 978－7－5487－2681－4

□定　　价　29.80 元